Johann Nepomuk Komareck

Przemisl

ein Nazionalschauspiel in fünf Akten

Johann Nepomuk Komareck

Przemisl
ein Nazionalschauspiel in fünf Akten

ISBN/EAN: 9783743410008

Hergestellt in Europa, USA, Kanada, Australien, Japan

Cover: Foto ©ninafisch / pixelio.de

Manufactured and distributed by brebook publishing software (www.brebook.com)

Johann Nepomuk Komareck

Przemisl

isl.

fünf Akten

J. N. Komareck.

---

* *

Pilsen und Leipzig,
bei Joseph Johann Morgensäuler,

1793.

Vorrede.

Die Thaten unsrer ersten Beherrscher sind so sehr ins Dunkel gehüllt, widersprechen sich oft so mächtig, daß man nicht im Stande ist das Wahre vom Fabelhaften zu unterscheiden. Zwar nahm ich mirs vor, nur das Erstere dem lieben Landsmann anschaulich zu machen, und das Leztere gänzlich zu verbannen; allein ich fand bei dieser versuchten Trennung so viel Beschwerniß, daß ich frühzeitig noch meinen Willen änderte, ohne welche Veränderung mir zum Stoff nicht viel übrig geblieben wäre. Zudem fanden ia meine lieben Brüder von ieher viel Behagen an diesen mährchenvollen Geschichten — lieben das Groteske immer noch — und hängen (so zu sagen) mit Herz und Seele dran, daß ich es nicht wagen durfte von dieser Lieblingsidee abzuweichen.

Ich liefre also dies Schauspiel, (von dem das Wahre seinen guten Grund in der vaterländischen Geschichte hat,) mit allen Attributen, die es dem Publikum anschaulich machen können.

Nicht ohne Grund wird man sagen können, daß es — wo nicht besser, doch eben so gut Libussa heissen könnte; zumal, da Libussa als die Hauptperson auf-

auftritt. Da ich aber weis, daß es dem Publikum nichts verschlägt, ob es ein Stück unter diesem oder ienem Titel sieht, wenn es nur seiner Erwartung entspricht, — und zudem auch schon **Hr. Goldfinger Ritter von Steinsberg** im Jahre 1778 bei Mangold in Prag ein Trauerspiel Libussa genannt hat verlegen lassen; so ist es doch **besser**, daß ich mein Stück, welches im Ganzen und all seinen Theilen von dem Steinsbergischen Produkte unterschieden ist, anders nenne, um nicht dem Kritiker, der oft nur auf die Aussenseite sieht — und nach der Bogenzahl richtet, Anlaß zur ungegründeten Muthmassung zu geben, als sei es **dasselbe** Stück — oder nur von mir á la Plümicke abgeschrieben und adaptirt worden. Man nehme ienes vom 1778.

Jahre zur Hand — und meines mit, so wird sich der himmelweite Unterschied gar leichtlich finden lassen.

In Ansehung der Aussprache böhmischer Namen, die hier häufig vorkommen, hätt' ich so manches zu erinnern, um dem der böhmischen Sprache Nichtkundigen einige Erleichterung zu verschaffen; aber auf dem Hauptpunkt muß ich stehen bleiben, weil mir das ř (oder rz) unerklärbar ist — und nur gehört werden muß. Ich kann die Namen Przemisl, Przedslaw nicht hart genug beschreiben, wenn ich ihn gleich wie **Prschemisl**, **Prschedslaw** schriebe. Das rz hat was ganz Eignes im Ton und Aussprache, das nur ein geborner Böhme recht auszudrücken vermag. Indessen wirds vom

Teut-

Teutschen genug sein, wenn er es mit möglichster Härte, und schnarrend ausspricht. Am Ende des Worts hat es weniger Schwierigkeit damit, und Kowař wird ganz wie Kowarsch ausgedrückt.

Uiber das Sſ, (ſſ, ſ̌,) hab' ich mich im Schauspiel Ida mittelst einer Note gleich auf der 2. — und dann wieder auf der 6. Seite erklärt. Diesem zufolge soll der Schauspieler Libuscha, Kascha, Schwamanos sagen; so wie auch Strátka, als Straatka, und Rozhon wie Roß-hon ausgesprochen werden muß.

Das Kostüme ist das ehrwürdige iener Zeit, ohne Flitterstaat und Tand, ganz einfach; und ich bitte die eitlen Theaterprinzessinnen ia nicht dawider zu sündigen, und ihren Kopf mit Silbertock, Pfauenschwänzen, Zitternadeln und Millionen Locken ia nicht zu belasten, oder ihre natürlichen Haare mit Mühlstaub zu bewerfen. Reinlichkeit im Anzug kann deßhalb doch bestehn, denn diese liegt nicht im Wust eines gaukelnden Trarara, sondern in sich selbst — und in Gesellschaft ihrer Geschwister Ordnung und Natur. Mit Vergnügen erinnere ich mich hierbei meiner werthen Freundinn der Madame Faller, welche mit ihrem Meisterspiele diese Tugenden glücklich verband. Solch ein Muster ist allgemeiner Nachahmung werth.

Pilsen in Böhmen,
am 24. Heumond 1793.

J. N. Komareck.

Przemisl.

Personen.

Libussa, jüngste Tochter Kroks und erwählte Beherrscherinn der Böhmen.

Kassa, }
Tetka, } ihre Schwestern.

Wlasta, }
Strátka, } ihre Dienerinnen.

Przedslaw, }
Milowecz, sein Sohn, }
Damoslaw, } Wladiken in Böhmen.
Kolo, }
Rozhon, sein Sohn, }

Przemisl, }
Giwoy, }
Debron, } Zemanne.
Sswamanos }

Ein Greis.

Edle Boien. Dienerinnen der Libussa.

Bewafnete Knechte. Böheims Volk.

Die Handlung geht zu Anfange des achten Jahrhunderts vor.

Erster Akt.

Erste Szene.

(Eine freie Gegend am Ufer der Moldau, im Grunde sieht man ein Gebirge, in dessen Durchschnitt einige Hütten des Dorfs Kuchel.)

Damoslaw und Rozhon.

Rozhon.

Was schleichst du so einsam und in dich gekehrt hier am Gestade herum, Damoslaw? — Was fehlet dir, Freund? — Rede! — Entdeck' mir deinen Kummer, klag' mir deine Noth — und ich will dir als ein getreuer Nachbar mit Macht und Ansehn beistehn! —

Das

Damoslaw. Ach, Rozhon? — Blick hinüber! — Blick hin nach Psary und — —

Rozhon. Und was seh' ich dann, als einen stolzen Fels, auf dessen Gipfel unser weise Krok vor dreißig Jahren ein Schloß erbaute? — Dies seh' ich alltäglich — und ist nichts reizendes mehr für mich!

Damoslaw. Wenns nur der Stein — nur das Gebäude wäre — aber — —

Rozhon. Ists nicht blos das? —

Damoslaw. (seufzt.) Ach! —

Rozhon. Du bist sehr betrübt. Trauerst du um den verstorbnen Krok?

Damoslaw. Ach! —

Rozhon. Er hat neun und dreißig Jahr geherrscht über uns beglückt, seine weisen Verfügungen uns Glück und Wohlstand gebracht; billig also, daß wir um ihn trauern. Aber iezt sind schon fünf Monden,

daß

daß er im Schooß der Mutter Erde ruht — und der gerechteste Schmerz, die bitterste Klage verlieret sich unter dieser Zeit, wo nicht ganz, doch so: daß sie unsren Sinn nicht mehr betäubt.

Damoslaw. (tief seufzend.) Ach!

Rozhon. Diese Antwort hör' ich beständig. — Hast du keine Worte mehr? —

Damoslaw. Mein Herz ist voll — gepreßt —

Rozhon. Schütt' es aus in meinen Schooß.

Damoslaw. Du kannst mir nicht helfen —

Rozhon. Vielleicht aber rathen? —

Damoslaw. Das wohl! — Dort — (nach der Moldauseite zugewandt.) — — Ach! wenn ich doch hinüber fliegen könnte! — Dort ist Libussas Fürstensizz!

Rozhon. Ists hir mit dir? — — Guter Freund, dein Herz ist nicht nur voll —

es ist auch verwundet. Suche dir geschwind einen Balsam, der es heile, eh' es sich verblutet.

Damoslaw. O, nur sie kann mich heilen — nur sie, die Fürstliche, kann den Balsam des Trosts, das Leben der Glückseligkeit in meine Wunde träufeln! — In ihr leb' ich — in ihr bet' ich meine Götter an! —

Rozhon. Sehr gut. Mach' aber, daß sie deine Klage hört; denn so kannst du ewig wünschen, und trauern — ewig am Ufer herumgehn — und sehnsuchtsvoll hinüber blicken, die Wellen verschlingen jeden Laut deines Klagetons — und der Felß hallt deine Wünsche unerfüllt wieder zurück! — Sezz' dich beherzt in einen Kahn, gebiete deinen Knechten, daß sie dich hinrudern zu ihr; versuch es, der Göttinn deiner Seele näher zu kommen — sprich mit ihr, klage ihr deine Noth — — und sie — — die Nothleidenden gern hilft — wird dich nicht trostlos zurücksenden.

Damoslaw. (faßt seine Hand.) Du weißt gut zu trösten, Rozhon! — dein Trost ist mir aber nicht hinlänglich, ich brauch' thätige Hilfe. Wlasta hat mir anvertraut, daß Kassa so gut als Tetka nach der Fürstenwürde geizen, die himmlische Libussa allein mit ihrem Schicksal zufrieden sei. Sieh' das Bild der Weisheit in ihr! — Verdient ihre Gerechtigkeit, die sie vom Vater ererbte — verdient ihre Frömmigkeit, ein Geschenk der ewigen Götter — verdient ihre Menschenliebe nicht den Vorzug vor anderen? — Libussa ist des höchsten Glanzes werth, werth, daß Böheims Wladiken sie mit Macht und Kraft erheben zu ihres Vaters Thron! —

Rozhon. Du sprichst wahr. Sie ist ganz des Vaters Bild — und wird Böheim glücklich machen.

Damoslaw. Das wird sie. Es wird unter den Schwestern wegen des Besizzes der Fürstenwürde nicht ohne Zank ablaufen; beide

beide Aeltern werden sich bemühen die Sanfte zu unterdrücken — sie, die allein göttlicher Anbetung würdig ist. Laß uns also für sie sorgen, Rozhon, laß uns Freunde suchen, die so bieder gesinnt sind, als wir, laß uns mit ihnen dann zu den Waffen greifen — wenn das Unrecht, wenn Kränkung, Verläumdung, Haß und Verfolgung auf Libussen losstürmen! Laß uns für sie kämpfen, und ihr mit unserm Blut den Fürstenstuhl erkaufen! — Laß uns für Libussa's Wohl — für das Wohl Böheims sterben!

Rozhon. Damoslaw, so dir dieser Vorsatz steif und ernst ist, ist er lobenswerth, — und ich verbinde mich mit dir. An Freunden, die eben so willig als gern uns sich beigesellen werden, wirds nicht fehlen — und Libussa muß — wenns der Götterwille nicht verbeut — auf Böheims Fürstenstuhle glänzen!

Damoslaw. Die Götter sind gerecht — und werden uns aus diesen dreien gewiß die Gerechteste schenken — und dies ist Libussa!

Rozhon. Da hast du meine Hand zur Versicherung. Ich erscheine im Nothfall mit zwanzig Knechten.

Damoslaw. Wohl; und ich zähle fünfzig, die mir unterthan sind. Mein Freund Debron wird mich unterstüzzen.

Rozhon. Und auch mein Vater Kolo mit seinem Anhang. Wladik! deine That ist edel — und kann dir Libussens wärmsten Dank zuwege bringen, einen Dank, der für dich vom größten Werthe ist — ihre Liebe.

Damoslaw. O, wenn du wahr reden möchtest, Rozhon — — ich würde — ich könnte — ich wollte —

Rozhon. Nun, nun, mäßige deine Freude — sie ist zu voreilig — zu kindisch — und könnte dir noch theuer zu stehen kommen, eh' sie wahr würde! —

Damoslaw. Mein Freund! (ihn umarmend.) Laß dir danken!

Rozhon. Jezt sieh' hinüber nach Psary, unsre Regentinn wird gewählt. Segne dankend deinen Morgen, wenn das Volk Libussen wählt, rüste dich aber auch zum Streit, wenn die Nachricht widrig lautet. Ich will mich indeß vorbereiten — und mit meinen Freunden sprechen!

Damoslaw. Ich werlasse mich ganz auf dich!

Rozhon. Ein Böhme reicht nicht zum Meineid seine Hand. Du hast die meine erhalten auf Treue — und diese ist mein Heiligthum.

Damoslaw. Bin ich einst glücklich, so sollst du's auch werden! — Mein Wohl — mein Alles will ich mit dir theilen.

Rozhon. Nur zwei Dinge nicht. Libussa's Hand — und Fürstenthum.

Damoslaw. Schwärmer!

Rozhon. Ich spiegle mich in dir. Du — wirst Libussens Gemahl — und Böheims Fürst, vor dem sich alles neigt, — und ich bleibe Wladike, geehrt in meinem Dorfe Kuchel — geliebt von meinem Weibe — und vom Unterthan geschäzzt; ich neide dich nicht, Damoslaw, sei ohne Sorgen! (Geht ab.)

Damoslaw. Gehab' dich wohl, trauter Rozhon! —

Zweite Szene.

Damoslaw, hernach Przemisl, Przedslaw und Milowecz.

Damoslaw (allein.)

Jezt, wenn ich einen Kahn hier hätte, der mich vogelschnell dahin bringen könnte, zu der Anbetenswürdigen, wie unüberschwenglich möcht' ich glücklich sein!

Przemisl, (kömmt mit Przedslaw und Milowecz.) Glück dir, Wladike in Böhmen!

Damoslaw. Dank dir, Zemann! — wo zielst du hin?

Przemisl. Nach Psary zur Fürstenwahl.

Damoslaw. Du auch Przedslaw mit deinem Sohne?

Przedslaw. Auch. Wir wollen doch auch sehen, was uns die Götter bescheren werden.

Damoslaw. O nur Libussen!

Przedslaw. Das ist mir einerlei, was Götterwink uns gebeut.

Milowecz. Libussa ist weise, fromm und gerecht.

Przemisl. Das hat sie die fünf Monde hindurch bewiesen, seit ihr Vater modert.

Damoslaw. Sie verdient unsre Frau zu sein!

Przemisl. Sie verdient es!

Milowecz. Die Götter werden sie uns auch schenken.

Przedslaw. Die Götter handeln — — und unser Wunsch an sie, ist — Gebet. — Wohl uns, wenn es erhöret wird! — Das Volk hat gewünscht, daß: da die drei göttlichen Schwestern von ihm gleich stark geehret und gepriesen werden, sie insgesamt herrschen sollen.

Damoslaw. Insgesamt?

Przemisl. So war der Wunsch; allein geprüfte Klugheit und Weisheit widerrieth ihn. Eine soll nur herrschen über uns.

Damoslaw. Das ist dem Glücke Böheims angemessener, als das erste. Ein Land kann nie glücklich sein, das mehr als einem Beherrscher Ehrfurcht zollen muß.

Milowecz. Rings um uns herum herrschen einzelne Fürsten — warum soll Böheim

sich

sich in ein dreifaches Joch schmieden lassen, wenn die Milde eines einzigen Oberhaupts es glücklich machen kann?

Przemisl. Ja, die Einigkeit der Schwestern sei noch so gut, noch so göttlich — sie scheitert an der Stufe zur Hoheit; unter dem Fürstenthrone glimmt ein Funke, der leicht zur Flamme der Zwietracht auflodern kann, wenn ihn mehr als einer ersteigen will.

Damoslaw. Du hast recht, Zemann!

Przemisl. Kroks Töchter sind uns heilig, alle glänzen mit göttlichen Tugenden ausgeschmückt und ausgerüstet. Kassa heilt die Kranken — und erwirbt sich alle Anbetung. Tetka belehrt die Blöden, und leitet ihren Schritt auf die Bahn der Gottesfurcht, sie ist die heilige Priesterinn unsrer Gottheit. Libussa stiftet Ruh und Frieden unter uns, besänftiget den Zürnenden, macht den Rachgierigen schonend; sie regiert mit Weisheit und Göttergüte; ihr Amt ist eben so heilig, als das Amt ihrer

ältern

älteren Schwestern. Wir treue Czechen sind ihr gleiche Anbetung schuldig. Sprich, Damoslaw, welche sollen wir nun wählen?

Damoslaw. Libussen!

Przemisl. Der Meinung bin ich auch, doch nicht ieder Boie.

Przedslaw. Der Andächtige greift dem Götterrechte nicht vor; sie allein werden uns das Oberhaupt geben — gut und fromm, wenn wir es verdienen, aber auch wollüstig und böse, wenn Sünde und Murren, Mißmuth, Zwietracht, Unruh' und Blutvergiessen unsre Tage bezeichnen! —

Damoslaw. Deine Anmerkung ist weise, ehrwürdiger Greis! und sie soll mir unvergeßlich sein. — Erlaube mir aber eine Rede, die ich mit all ihren Folgen umfasse.

Przedslaw. Sprich!

Damoslaw. Wie sollen wir denn zum Herrscher gelangen, wenn Böheim ansteht die

Herr-

Herrschersmacht Kroks Töchtern anzuvertrauen? — Wer soll Böheims Fürst denn werden, wenn nicht alle drei regieren können?

Przedslaw. Die Würdigste.

Damoslaw. Wer ist sie aber, da alle drei gleichfromm, gleichweise, gleichgöttlich sind?

Przedslaw. Das wissen die Götter, denen wirs überlassen.

Przemisl. Die Entscheidung ist dem Loos anheim gestellt. Diesen Morgen muß es entschieden werden!

Damoslaw. Kann hier nicht heimliche Bestechung mitwirken? — Kann nicht ein Eigennüzzigdienstfertiger das beste Loos derjenigen zuwerfen, die er liebt — auf deren Hoheit er seinen Wohlstand, Glanz und Macht bauen will?

Przemisl. Das wollen die Götter verhüten!

Da=

Damoslaw. Ich befürchte. Kassa und Tetka, beide haben Freunde — haben starken Anhang — Libussa allein ist verlassen — und kennt der Menschen wenig, die sich ihrer annähmen, wenn sie Neid und Verfolgung kränken möchten!

Przedslaw. Sie verläßt sich auf die Götter.

Przemisl. Und auf ihre Tugend.

Damoslaw. Zwo schöne Tröstungen. Die Götter sind allmächtig — und könnten — ja aber die Tugend ist ein ohnmächtiger Beschüzzer — sie steht vor dem Eingange und weint, statt, daß ein streitbarer Arm mit dem Schwerdt drein hauen möchte.

Przedslaw. Laß die Allmacht walten, wo sie beschüzzt, dringt kein Laster ein.

Damoslaw. Wir sollten uns aber doch zu ihrem Schuzz — und für ihr Bestes verbinden. Unbilligkeit könnte leicht die Oberhand

hand erhalten, und die Gerechtigkeit von ihrem Throne verdrängen. Libussa könnte leicht gekränkt werden. — Wir müssen uns bewafnen, Freunde, für Libussens Sicherheit!

Milowecz. Unnöthig, Libussa wird nicht gekränkt werden.

Damoslaw. Man wird sie vom Throne zu entfernen suchen! Wir müssen ihr den Weg mit den Waffen zur Herrlichkeit bahnen!

Przemisl. Willst du das Przedslaw? — — Willst du das Milowecz?

Przedslaw. Bewahren mich die Götter!) zugleich.

Milowecz. Nein, Přemisl!)

Damoslaw. Wie? — ihr ehret Gerechtigkeit — und stehet an der Gerechtesten Gerechtigkeit wiederfahren zu lassen?

Przed-

Przedslaw. Nicht im geringsten.

Przemisl. Finden wir Bosheit im Spiele, so sei ihr Untergang geschworen; denn die Tugend zu erhöhn ist mein heiligster Entschluß!

Przedslaw. }
Milowecz. } Auch der meine!

Przemisl. Libussa bedarf unsrer Waffen nicht so lange sie nicht unsre Fürstinn ist; ists aber einmal — und man kränkt ihr heilig Recht, so ruf' ich um Mitternacht meine Knechte auf, verlasse mein Feld und Haus, wecke meinen Nachbar, dieser den seinen, und so zieh ich hin ihr aus allen Kräften beizustehn!

Przedslaw. Das ist ein Entschluß, der dem treuen Boien, der dir edler Přemisl, großen Werth verschaft! — Bleib bei demselben, bleib deiner Pflicht — bleib der Vernunft getreu!

Przemisl. Getreu der Weisheit, getreu dem Oberhaupt bis in den Tod, und sollts ein anders als Libussa sein!

Damoslaw. (für sich.) Die kaltherzigen Menschen, denen es gleichviel ist, von wem sie beherrscht werden!

Przedslaw. Gehst du mit uns nach Psary, Damoslaw?

Damoslaw. Wenn ihr mir Plazz in eurem Kahne gönnen wollt.

Przedslaw. Gern. Unsre Ruderknechte kommen. Komm also! (Sie gehen ab.)

Drit-

Dritte Szene.

(Ein Gemach auf dem Schlosse Psary.)

Kassa, Tetka und Libussa.
(Sizzen beisammen.)

Tetka.

Man wählt uns zu Regentinnen.

Libussa. Noch kann man nicht einig werden, welche man nehmen soll.

Kassa. Die Unklugen! — Ich begreife nicht wie Böheims Aelteste und Wladiken so lange fragen können? Welche ist unter uns denn, die allein regieren kann? — Bist du's nicht, Libussa?

Libussa. (Steht auf und nimmt beide bei der Hand.) Ihr habt mich zu lieb. — Nehmt meinen Dank dafür. Allein das Volk soll wählen. Wählet es eine von euch, so stehe ich ihr bei, als ob es mich selbst gewählt hätte. Laßt damit es gut sein!

Kassa. Nein, traute Libussa! wünsche mich nicht zu einer andern Bestimmung. Ich bin in meinem Berufe zufrieden und glücklich.

Libussa. Du und Tetka — ihr seid beide älter, als ich, das Recht der Erstgeburt ruht auf euch, und bestimmt euch zu jener hohen Würde mehr als mich; doch — wir könnten ja alle regieren, allein nur der Sache nach, nicht in der Person. Nur eine kann den Namen der Fürstinn tragen, und nur den Befehlen einer kann und darf gehorcht werden; wir aber unter uns können es verabreden, einander beizustehen.

Tetka. Was dir nicht einfällt, liebe Schwester? Herrsche du allein — und unumschränkt — wir wollen dir nicht im Wege sein. Das Volk kennt dich und deine Weisheit — und wird —

Libussa. Immer die alte Leier! — — Das Volk kennt auch euch — auch eure Weisheit

heit — und Frömmigkeit. Eben das Volk ist es, was euch so sehr als mich liebt, und nicht beleidigen will. Wir wollen also vereint herrschen — ohn' daß es das Volk weiß — oder wissen darf; — denn seht, traute Schwestern, wenn ich — zum Beispiele — allein zur Herrscherinn gewählt werden möchte — so säh's betrübt um mich aus; denn ich kenne keine Kräuter, weiß also die Kranken nicht zu heilen: ich verehre die Götter nach meiner einfachen Meinung — und kann niemanden belehren, wenn er irrig ist. Das erste verstehst du ohne Gleichen, Kassa; das zweite du, Tetka! Das Volk bedarf Heil des Körpers, Seelentrost und Frieden; und es könnten Fälle kommen, in denen wir verschiedener Meinung wären, und wenn nun Böheims Einwohner einmal auf den Gedanken kämen, jede von uns über all die Gegenstände besonders zu fragen; so wären wir gezwungen, dem zu widersprechen, oder von der Ehrlichkeit abzuweichen, der wir uns bisher beflissen.

Kassa.

Kassa. Das wäre traurig für uns.

Libussa. Noch mehr: die Verschiedenheit der Regierung würde zu Bündnissen und Absöndrungen unter dem Volke Gelegenheit geben, und am Ende könnte noch um unsertwillen Mord und Todschlag entstehen. Auf diesen Fall, traute Schwestern, entsage ich der Theilnahme an diesem Fürstenthume gern, und helfe der mit willigem Herzen und frohem Muthe, die man von euch wählen wird.

Vierte Szene.

Wlasta (gleich darauf) Przedslaw, Milowecz, Przemisl, Giwoy, und mehrere Boiohemen.

Wlasta.

Theuerste Gebietherin, Böheims Edle sind zur Fürstenwahl hier angekommen —

Li-

Libussa. Laß sie vortreten, Wlaska!

Wlaska (winkt, und die Böheimer treten ehrerbiethig ein.)

Kassa. Ihr Völker Czechs und Kroks! Ihr, die ihr unter dieser beiden Regierung zugenommen habt an Weisheit, zugenommen an Frömmigkeit, zugenommen an allem Edlen, was der Mensch besizzen mag; ihr, die ihr in der friedlichsten Regierung dieser beiden euch vermehret habt wunderbar! Seid uns willkommen!

Przedskaw. Erhabene Töchter unsers sanftschlummernden Fürstens Kroks, seid gegrüsset von eurem treuen Volk. Die unsterblichen Götter, denen wir für euer Wohl und euers Namens Ruhm aus Andacht und treuem Herzen täglich Opfer bringen — haben uns befohlen, daß wir des weisen Vaters Kroks Herrschaft seinen Töchtern anvertrauen sollen, doch so, daß nur eine von ihnen dieser Würde theilhaft werde. — Unsre Wahl ist schwer.

Kassa. Warum das?

Milowecz. Ihr seid göttlich allgesammt.

Giwoy. Götter neiden uns hienieden unser Glück.

Tetka. Wir sind nicht eitel, und wünschen statt der Prunkworte offene Wahrheit, und ungekünstelten Biedersinn zu vernehmen, wie es von edlen Böhmen zu erwarten steht.

Kassa. Seht, wir sind Schwestern. Keine von uns neidet die andere. Uns bindet das Band der Liebe. Wählet die, welche euch gut däucht, und die andern zwei zürnen nicht, lieben euch wie vorher, dienen euch wie ehedem. Nicht wahr, ihr Schwestern, ihr stimmt ein?

Libussa. Völlig.) ((zugleich.)
Tetka. Ohnbedingt.)

Kassa. Nun, Böhmen, wählet!

Przed=

Przedslaw. Wir lieben euch eine wie die andere, denn in ieder lebt unser Krok, iede ist uns gleich, und ihr könnt alle drei regieren, ohne daß einer von uns über eine murren würde.

Libussa. (
Tetka. (Das kann nicht sein!
Kassa. (

Przedslaw. Gut, so wählet selbst.

Przemisl. Werft unter euch das Loos!

Siwoy. Wählt selbst!

Milowecz. Das Loos entscheide!

Przedslaw. Es ist uns zu wissen nöthig, wer uns beherrscht.

Kassa. Nun ist es uns überlassen zu wählen — — und ich gebe meine Stimme dir Libussa.

Tetka. Auch ich die meinige; so ist der Streit entschieden.

Libussa. Ich weis nicht, was ihr wollt. Ich lasse mich nicht übertäuben, das Loos entscheidet.

Przemisl. Wahrlich, ein göttlich Weib!

Kassa. Libussa! Höre mich, und dann rede! Du bist zur Regentin geboren. Bei unserm Vater auferzogen, mit seiner Denkungsart nicht blos bekannt, sondern auch von ihm angehalten, ihm in den Richtersorgen beizustehen, weißt du, was Recht und gut ist — kennst so zu sagen, jeden deiner Unterthanen schon, weißt mit wem gelinde, mit wem strenge umzugehen ist.

Tetka. Wir sind erst ins väterliche Haus eingetreten, als man unsere Mutter Niva daraus trug. Was wissen wir vom Herrschen? Was bleibt uns für ein Mittel übrig, als immer nur zu dir zu gehen, und deinen Rath uns zu erbitten, und so

wird

wird uns das doppelt schwer, was dir so leicht ist, was du schon fünf Monate gezeigt, was auf unsere Schultern zu nehmen die größte Thorheit, und wenigstens ein Zeichen unsrer geringen Weisheit sein würde.

Kassa. Hierzu noch mußt du bedenken, daß die Götter selbst gleichsam schon unsern Plan begünstiget haben. Jede von uns beiden hat ihre Lieblingssache schon geübt, ist darin schon anerkannt, und müßte nun vielleicht wieder dieses Werk nachlassen, und um ein neues zu erlernen, neue Zeit und Mühe verschwenden. Nein, Libussa! laß mich die Kranken heilen, den Bedrängten beistehn und die belehren, denen an der Zukunft Dingen liegt. Laß mich!

Tetka. Vergönne mir meine Ruh und Andacht; ich will die unterrichten, welche von der Götter Wesen und Werk keine Begriffe haben, die in den Tag hinein leben, ohne sich um die Zukunft zu bekümmern, und den Stein für ihren Gott, das Holz für ihren Wohlthäter und das Wasser für

ihren

ihren Erhalter ansehen. So stiften wir alle Nuzzen.

Libussa. Ich erkenne eure Liebe mit Dank, doch kann ich nicht in diesen Vorschlag willigen.

Gjwoy. Erlaube mir, göttliche Tochter Kroks, daß ich dir in deiner Meinung beipflichte. Der Menschen Gedanken sind unbeständig, pflegte dein weiser Vater oft zu sagen. Heut oder morgen könnten sich deine Schwestern eines bessern belehren, könnten finden, daß es angenehm sei, als Herrscherinn sich verehren zu lassen, und von allem Volke Fürstinn genannt zu werden. Dann würde es vielleicht in ihrem Herzen gegen dich nicht mehr so gut aussehen, als iezt.

Milowecz. Du hast wohlgesprochen. Bei iedem Fehler, den sie machte, würden sie, wenn gleich nicht den lauten Tadel blicken lassen, doch innerlich denken, daß sie das besser gemacht hätten.

Prze-

Przemisl. Wir sind nicht eitel, sprachst du erst kürzlich, fürstliche Tochter! — aber wer steht dir auch ewig dafür? Wenn der göttlichen Libussa das treue Volk dereinst eine besondere Ehrenbezeugung erwiese, könntet ihr nicht auch da den Gedanken nähren: So könnten wirs vielleicht auch haben, wenn wir, wie das Volk es wollte, geloofet hätten.

Libussa. Nun, Schwestern? — O welcher Begegnung will mich eure Liebe nicht preis geben? — — Da hört ihr es selbst — und — widersprecht diesen Biedern, aus denen lautre Wahrheit spricht? — Das Volk, wenn es erführe, wie leichtsinnig ich mich zum Herrschen habe bereden lassen, könnte glauben, ich sei nicht die rechte ihnen bestimmte Regentinn. Durchs Loos hätten die Götter entschieden, hier ich. Sie thäten mir wohl gar noch die Schmach an, und nähmen mir wieder, die mir erst gegebene Würde. Nein, Kassa! Tetka! ohne Loos nehm' ichs nicht an.

Przed-

Předslaw. Du sprichst mit vieler Klugheit, Libussa! — und dieser Weisheit wegen schon verdienst du bewundert und Regentinn zu werden. Loos't also — und die Götter werden das Loos nach eurem Wunsche werfen!

Kassa. Wladik Přzedslaw, erwöge dies nur noch, und laß es dem Volk wohl überlegen. — Wie, wenn die Götter zürnten und uns zur Strafe, daß wir da noch looseten, wo sie so offenbar gewählt, das das Loos auf mich, oder Tetka fallen liessen — — — das Volk dadurch verloren gienge? —

Tetka. Trübe Zeiten werden kommen, wo nur Libussens Weisheit durchzudringen fähig sein wird.

Přzemisl. Halt ein, göttliche Wahrsagerinn, mit Dingen, die zu wissen schrecklich ist! Die Zeit der Einigkeit unsrer Völker hat schon zu lange gewährt. Uneinigkeit wird unter sie sich schleichen, die fürchterlich wüten wird!

Tetka. Ja, Zemann, es werden fürchterliche Kriege kommen in das Land, — und ich sehe, daß nur Libussens Klugheit Einrichtungen machen kann, die das Unglück wegwenden.

Libussa. Wenn dem so ist, so werden auch die Götter dem Loose beistimmen.

Przedslaw. Die Götter haben euch das Loos bestimmt. Es ist nicht anders, looset!

Das Volk. Ja, looset! looset!

Przedslaw. Hier sind drei Kugeln, die eine von Gold, die andern von Silber! — (zur Wlasta.) Reiche uns den Becher her! (Wlasta bringt einen silbernen Becher, welcher mit einem Deckel versehen ist.) Seht, meine Brüder! — Das ist der Fürstenpreis (indem er dem Volk die goldne Kugel zeigt, und sie in den Becher fallen läßt,) und dies sind die zwo andern Loose. (Er wirft sie gleichfalls in den Becher. Schraubt den Deckel zu, und giebt ihn seinem

nem

nem Sohne Malowecz.) Empfange du diesen Schazz aus meiner Hand, mein Sohn! — rüttle ihn vor alles Volks Augen, daß es sehe, wie gerecht die Wahl der Fürstinn sei! —

Milowecz. (Hat den Becher gerüttelt, und giebt ihn an Giwoy.)

Przedslaw. Du, edler Giwoy, nimm ihn aus des Sohnes Hand, daß Przemisl ihn eröffne! (Es geschieht.) Dem Alter gebührt die Ehre des Vorzugs. Greif zu erst in den Becher, fürstliche Tochter Kassa!

Kassa. (Zieht eine silberne Kugel heraus.) Mein Gebet ist erhört, denn das hab' ich mir von den Göttern heute erflehet, daß ich nicht Regentinn werde.

Tetka. Nun ist des Looses Reihe an mir! (Sie greift in den Becher, und zieht die zweite silberne Kugel heraus.) Dank euch, Unsterblichen! — — dank, denn ihr habt

meine

meine Ruh und Böheims Glück gegründet! Hier ist die zwote Silberkugel! — Das Fürstenloos blieb für Libussen!

Przedslaw. (Neigt sich vor Libussen.) Heil dir, unsre Fürstinn! Heil dir Libussa!

Das Volk. (Neiget sich.) Heil dir, Libussa!

Kassa.)
) Heil dir meine Fürstinn!
Tetka.)

Libussa. Heil dir, treues Volk! — meines Vaters Ruhm — iezt mein Stolz — mein Glück! — Und ihr, geliebten Schwestern, tödet mich nicht mit eurer so vorzüglichen Liebe! O, ihr seid groß gegen mich. Die Herrschaft von sich stossen, wie ihr, dazu gehören grosse Eigenschaften! Ihr seid mir nicht unterthan, ihr seid meine Rathgeberinnen. (umarmet sie mit Thränen.) Thut, was ihr wollt, seht mein Eigenthum als das eurige an, wählet euch Oerter, wo ihr euch anbauen wollt, und

ich

ich will alle meine Unterthanen aufbiethen, euch behilflich zu sein. Meine Schäzze sollen euch zu Dienste stehn. (Zum Volke.) Du Volk Kroks, welches mein Vater liebte, und welches ich liebe, höre mich, und höre die Götter durch mich. Du hast gewollt, daß eine unter uns des Vaters Wahl einnehmen und darauf herrschen soll. Dein Wohl ist mein Wunsch und Wille, — und ich, die von den Göttern zu herrschen außersehen war, werde für dich wachen! — Wollt ihr, Getreue, mir glauben, wenn ich euch lehre? Wollt ihr dem euch unterwerfen, was ich in ihrem Namen für euch recht spreche?

Das Volk. Ja. Libussa unsre Fürstinn!

Przedslaw. Libussa weis der Götter Willen.

Przemisl. Libussa ist von den Göttern uns gesandt!

Libussa. Ich danke euch, meine Lieben! — ich werde nichts thun, was nicht der Götter Wille ist. Ich werde keinen unter euch beleidigen, ich werde nie dem Gerechten Unrecht sprechen. Ich werde suchen zu sein, die Mutter aller Bedürftigen. Ihr ehret mich. Dafür opfere ich mich. Mein Leben ist euch geweiht.

Das Volk. Heil dir, göttliche Frau!

Libussa. Männer! Ich bin nur ein Weib, und bin schwach, allein man kann durch die Gnade der Götter stark werden. Diejenigen, welche mich in ihren Schutz genommen, haben mich gelehret, den Reichthum des Landes zu erkennen, welches ihr bewohnet.

Milowecz. Entdecke uns, — und wir wollen fleißig sein dir zum Ruhme — und den Brüdern zum Nuzz!

Libussa. Noch ist es nicht Zeit von all dem euch Wissenschaft zu geben, aber nach und nach werdet ihr erfahren, wie ihr durch die Güter, die der Boden enthält, auf welchem ihr stehet und gehet, geehret, und

eine

eine mächtige Völkerschaft werden könnt. Vor iezt nur so viel: Haltet das Volk zum Dienste der Götter, und zur Arbeitsamkeit an. Sagt ihm, keiner von ihnen solle gedrückt werden. Ich will das Eigenthum von keinem schmälern, vielmehr suchen, so weit mir die Götter Gnade dazu geben, es zu vermehren, einen ieden zu bereichern.

Przedslaw. O dreimal selig der Tag, der dich uns zur Fürstinn giebt! — Dreimal beglücktes Böheim, das sich einer so guten und weisen Mutter erfreuen kann! — Kommt, Brüder, Freunde, laßt uns der Allmacht in flammenden Opfern danken, und ihren heiligsten Schuzz für die theuerste Person unsrer Frau Libussa erflehn!

Przemisl. Götterweisheit umstrale sie!

Siwoy. Heil und Ruhm begleite ieden ihrer Schritte!

Milowecz. Vorsicht! — Mach' sie groß und bewunderungswerth!

Das Volk. Heil dir, göttliche Fürstinn! Heil dir Libussa!

(Alle neigen sich vor ihr, und gehen ehrfurchtsvoll ab.)

Fünfte Szene.

Libussa, Kassa, Tetka, und Wlasta.

Wlasta.

Vergönne mir, theuerste Gebietherinn, daß ich den Staub vor dir küsse! — Wie freu' ich mich, dich als meine — ganz Böheims Mutter ehrfurchtsvoll anzubeten! (Fällt auf ihre Knie ehrfurchtsvoll nieder.) Dir dank' ich meine Erhaltung, meine Erziehung, mein Glück, mein Alles! Du nahmst mich auf, als mich die Unbarmherzigkeit meiner Mutter von sich stieß, als ich noch nicht zu lallen vermochte. —

Nie

Nie hab' ich sie gekannt, die Hartherzige, die mich, ein halbiährig Mägdlein, allem Ungemache preis gab! — O was wär ich ohne deine Barmherzigkeit geworden? — Den wärmsten Dank dafür, Göttliche! — Entzieh mir auch fernerhin deine Huld und Gnade nicht!

Libussa. Steh auf, meine Wlaska! — Ich hab dich von ieher zärtlich geliebt, — mein Geist fesselte sich an deinen Umgang — ich machte dich zu meiner ersten Dienerinn — liebe dich noch, — und werde dich, so du fromm und Gehorsam bleibst, ewig lieben! — Steh auf!

Wlaska. (Küßt ihr den Rock und steht auf.) Anbeten will ich deine Güte, preisen deine Macht und Hoheit, so lang ich athmen kann.

Libussa. Du bist gut; — dein Geist scheint mir mehr Mannskraft zu besizzen, als dir gebühret und ansteht. Du bist ziemlich roh und wild — und meine Scherzrede, daß ich dich zum Manne haben will, trift —

dem

dem Geiste nach — ziemlich ein. Nicht wahr du wunderst dich das, daß ein so unverdientes Glück deiner Gebietherinn aufstößt, daß sie vor ihren ältern und verständigern Schwestern einen solchen Vorzug erhält? Allein ich will dir eröffnen, warum das geschehen ist, denn die Götter haben grosse Gnade gegen mich, und offenbaren mir Dinge, die in der Zukunft, Zeiten geschehen sollen. Sie haben beschlossen, Kassa und Tetka, meine theuern Schwestern, von dem Amte des Volksbeherrschens zu befreien, damit sie thun sollten, was mehr als herrschen ist.

Wlasta. O die allgütigen Götter leiten unsre Sinne stets zum Wohl des Ganzen! (Für sich.) Was wird daraus werden? — Die beiden Schwestern sollen um meine Gebietherinn bleiben — um ihr zu rathen? — Wlasta sollte hier zurücke stehn? — nicht selbst Libussen rathen? — in ihr nicht selbst herrschen dürfen? — Vereitelt muß dieser Plan werden — vernichtet

D mit

mit Macht und Gewalt! (laut) O, ihr glücklichen drei Schwestern, die ihr von den Göttern geliebet, und von den Menschen geschäzzet werdet, ihr seid werth, daß man euch gleich Göttern ehre! — Welch ein Opfer der beiden Aeltern, daß sie der Jüngsten überlassen eine Regierung, die so glänzend ist! — Welch eine Bescheidenheit der Jüngern, daß sie sich derselben unwerth hält, und nur nach dem Rathe der Aeltern regiren will!

Kassa. Schweig, Wlasta!

Tetka. Mädchen, du schmeichelst uns —

Libussa. Auf eine fast übertriebene Art.

Wlasta. Ich sehe die Grösse eurer Handlungen ein.

Libussa. Laß dies die Böhmen sprechen!

Wlasta. Aber — edle, grosse, liebenswürdige Schwestern! — neiget euer Ohr zu dem Rathe einer Dienerinn, die die Götter nicht ganz verlassen haben, sondern auch ihr zuweilen sich offenbaren!

Libussa. Genug!

Kassa. Laß sie immer sprechen, Schwester!

Tetka. Die Götter senden oft Rath durch den Mund unsrer Getreuen!

Libussa. Wenn ihr es wünscht, so mag sie reden! — Sprich, wir hören dich!

Wlasta. Daß ihr unter euch wißt, ihr wollt gemeinschaftlich regieren, das ist gut. Allein das Volk darf dieses nicht wissen. Das Volk will keine gemeinschaftliche Regierung, es will eine einzige. Es will eine unter euch zur Regentinn.

Libussa. Sein Wunsch ist erfüllt.

Kassa. Wir sind unsrer Schwester unterthan und fügen uns ihrer weisen Anordnung.

Wlasta. Dies ist um des allgemeinen Wohls willen löblich; denn im Gegentheile würde Unordnung im Land' entstehen. — Wenn Libussa nach Weisheit und Gerechtigkeit richtet — — würde iener, dem Sie Unrecht thut — da man zween nicht Recht sprechen kann — murren, und sprechen: das that sie auf das Angeben der Kassa, oder der Tetka, für sich hätte sie es nicht gethan. Ein andrer Hause würde mißtrauisch werden, Libussen hassen — ihrer spotten und hönisch sagen: „was will sie urtheilen, ihre ältere Schwestern verstehen es besser, wir wollen zu ihnen gehn.“

Libussa. Wlasta! — Was unterfängst du dich? — Welcher böse Geist reizt und regiert deine Sinne? — Du willst Zwietracht unter uns säen? — — Unwürdige! — Flieh', daß dich mein Zorn —

Kassa. Gelassen, Schwester! Verkenne deine treue Dirne nicht! — Sie hat so Unrecht nicht! —

Tetka.

Tetka. Nein, Libussa, Wlasta spricht mit viel Gewißheit — und aus der Göttereingebung.

Kassa. Es würde Zwietracht geben unterm Volk.

Tetka. Du würdest herrschen und nicht herrschen, — wirst geehrt und verachtet werden. Wlastas Rath ist gut und heilsam! — Liebe sie darum herzinniglich, traute Schwester!

Libussa. O, was könntet ihr mich nicht alles überreden. Ich liebe euch — liebe mein Volk — will gern eure — will gern seine Winke befolgen, so sie dem Allgemeinen heilsam und ersprießlich sind! —

Tetka. Das werden sie immer sein!

Kassa. Aber, Libussa! wie magst du immer so heimlich mit uns zu Werke gegangen sein, ohne daß dein Herz darüber einen Vorwurf empfunden?

Libussa. Erkläre dich deutlicher, liebe Kassa, denn du sprichst Räthselsprache, die niemand versteht.

Tetka. Sollte die weise Libussa sie nicht verstehn? Sollte sie, die vor den Aeltesten so zu reden wußte, daß männiglich sich darob verwunderte, sollte sie, die da rathen kann, was die Götter wollen und die da weis, was die Tiefen der Erde enthalten, sollte sie nicht wissen, was Kassa meint?

Libussa. So ihr in dieser Sprache fortfahret, Schwestern, werd' ich euch nie verstehn!

Kassa. Entweder, Libussa, bist du eine große Heuchlerinn, oder dein unschuldiges Herz ist so ganz rein, daß auch bei allem, was du gethan, kein Sinn des Unrechts in dasselbe gekommen.

Libussa. Erklärt euch nun deutlicher, denn bei den Göttern, und bei meiner Tugend ich verdiene keinen der Vorwürfe, die ihr

mir

mir da macht. Entfernt von mir ist Heuchelei, und von jeher lag mein Herz offen vor euch da. Sprecht mit mir, wie es Schwestern ziemt, ohne eure Rede einzukleiden ins Dunkel, ohne Umschreibungen dessen, was ihr sagen wollt.

Tetka. Sie hat Recht, Kassa! — sie ist unschuldig — und Genugthung gebührt ihr von uns. Aber sprich, theure Libussa! warum verschwiegst du uns, daß Krok unser Vater, dich schon in den Geheimnissen eingeweiht, die Volk und Regierung betreffen, daß er — um mit geraden Worten es zu sagen — dich schon, wahrscheinlich auf Befehl der Götter zur Regentinn ausersehen? Warum uns nicht das, was du den Aeltesten des Volks entdecktest?

Libussa. Ich erstaune, Tetka, Liebe Kassa, daß ihr mir diesen Vorwurf macht, und doch kann ich es nicht ganz tadeln, daß ihr unzufrieden mit mir seid. Nie aber sahe ich diese Sache so an. Höret — und

rechtfer-

rechtfertiget mich. Ich wahr mehr bei meinem Veter als ihr, ich konnte folglich mehr auf ihn Acht haben, mehr von ihm lernen, mehr denn Kenntnissen nachspähen, die er selbst hatte. Aber nie hat mein Vater eine Eröffnung von dem mir gemacht, was die Götter beschlossen. Noch weniger hat er mir entdeckt, daß sie etwas über mich beschlossen. Auch habe ich das nie geglaubt. Daß ich von Kenntnissen, die ihr groß nennt, und die mir klein dünken, noch nicht mit euch geredet, daran ist eben mein inneres Gefühl schuld, daß sie noch klein sind. Allein bei der iezigen Lage mußte ich sie entdecken, und ich habe sie mit Furcht und Zagen bekannt gemacht. Ihr wißt nicht, wie schwer es mir werden wird zu regieren, denn eine Regentinn bedarf Ansehen, und wenn sie dieses nicht durch Kenntnisse erhält, wodurch soll sie es erhalten? — Ich habe mit den meinigen nicht pralen wollen.

Kassa. Ein Zug der Weisheit, der nur dir ganz eigen ist.

Libussa. Meine sehr eingeschränkten Kenntnisse hab' ich blos darum Vorstehern des Volks vorgetragen, um die ihrigen zu vernehmen, und die meinigen dadurch zu erweitern. Ich habe mir alles gemerkt — und einen reichen Schatz erlangt. Laßt daher von dem Verdachte, den ihr gegen mich gefaßt, und denkt, daß meine Offenherzigkeit nie gegen euch handeln wird. (Sie troknet sich die Thränen ab.)

Kassa. (ihre Hand ergreifend.) Vergieb, Schwester, vergieb unserm Verdacht. Die Reinigkeit der Götter wohnt in deiner Seele! — nie soll unsre Zunge wieder dich durch Worte — nie unsre Seele durch gedanken dich beleidigen.

Tetka. Du sollst die Sonne sein, die uns leuchtet, deiner Weisheit unterwerfen wir uns gern. Wir sind iezt überzeugt, daß du allein herrschen kanst über uns.

Libussa. (sie umarmend.) Ach gedenket dessen nicht mehr, meine Geliebten! — Bleibt

stets

stets meine liebsten, besten Freundinnen! — Bleibt bei mir, so lange ich lebe und — euch glücklich wissen kann!

Kassa. Nein, wir können nicht bei dir wohnen. Dies würde Unordnung geben — unter uns und dem Volke. Du hast mich zur Aufseherinn über die Gesundheit deiner Unterthanen ernannt. Sollten alle, die sich bei mir Raths erholen, dich belästigen?

Tetka. Und sollten selbst die Menschen dadurch verwirrt werden, daß ihr Anbringen oft an die oder iene Schwester kömmt, die sie nicht meinten?

Kassa. Und soll die Vermuthung, die wir gern vermeiden wollten, etwa recht laut werden, daß drei regieren, und eine nur regieren soll?

Libussa. Wieder das alte! — (drohend.) Wlasta! — Unglückliches Geschöpf! — Was hat deine Geschwäzzigkeit angerichtet?

Wla-

Wlasta. (für sich.) Ha! es wirkt! — Dank euch, ihr Götter, für diesen Triumph!

Tetka. Und soll dein Ruhm als grosse Fürstinn, den du verdienst, und deine Ehre als Herrscherinn dadurch leiden, und vielleicht das Volk spotten, daß du Rath bedürftest?

Libussa. Ach, Schwestern, ihr betäubt mich, Ihr thut meiner Seele weh. Ihr wollt es! Ihr wollt von mir euch trennen. Ihr führt Gründe an, denen ich nicht wiedersprechen kann. Wohlan denn, ihr sollt von mir ziehn, allein ihr sollt ziehn, wie die Schwestern einer Herrscherinn. Geht, sucht euch vorher aus, wo ich feste Schlösser für euch kann bauen lassen, wo ihr wohnen möget, so gut wie ich selbst, dort sollen eure Sizze sein, die Sizze der Ersten im Lande, dahin sollen gehen all die eurer bedürfen, und oft, recht oft, liebe Schwestern, kommt denn und besuchet eure Libussa, die sich sehnen wird nach euch, die das nur die Tage ihrer

rer Erholung nennen wird, wenn ihr sie zu sehen und mit ihr im Gespräch euch zu ergözzen erscheint. (Sie umarmt sie nochmals, und so gehen sie unter Thränen fort.)

Sechste Szene.

Wlasta (allein.)

Mein Sieg ist mir gelungen. Alle Furcht vor lästigen Ohrenbläsern schwindet. Ganz will ich mich dem Dienste Libussens, — ganz ihrer Wohlfahrt weihn! — Stärket mich, Ihr Ewigen! (geht frohlockend ab.)

Sieben

Siebente Szene.

(Eine freie Gegend unterm Schlosse.)

Damoslaw (allein.)

Die Wladiken verlieren sich allmählig schon, die Zemanne kehren zu ihren Pflügen wieder. Die Fürstenwahl ist vollbracht. Heil dem Vaterlande, wenn es von Libussen beherrscht werden wird; aber Wehe, wenn sie nicht auf dem Fürstenstuhle sizze! — Mein Schluß ist gefaßt: Libussen nur gehorche ich — um mich ihrer werth zu machen. Für sie opfre ich Gut und Blut — um dereinst an ihrer Seite herrschen zu können! — Ha! — dort seh' ich Leute kommen! — Es ist Przedslaw — und seine begleiter. Sie sollen mich hier nicht wieder sehen, um Gelegenheit zum Fragen, zum Nachdenken zu haben. Doch sollt' ich sie billg fragen, wem das Loos der Thronfolge traf? — (nachdenkend.) Gewinn' ich was dabei, wenn ichs einige Augenblicke früher erfahre? — Fort also aus ihrem Gesicht! (geht ab.)

Achte Szene.

Przedslaw, Przemisl, Milowecz,

Przemisl.

Hier ist der Scheideweg, meine Freunde! — Dort überm Flusse eure Heimath, und ich wandre gen Mitternach der meinen zu. Lieb wäre mirs, wenn mich mein Freund Milowez dahin begleiten wollte, um ihm einen Beweis meines Danks geben zu können für seine Gastfreundlichkeit. Komm, Milowecz! — Bequeme dich mit mir zu wandern!

Milowecz. Was meinst du, Vater?

Przedslaw. Immer geh, mein Sohn — und ergreife iede Gelegenheit zu wandern, denn beim ieden Schritte findest du dir unbekannte Dinge, bei iedem Schritte lernst du Sachen kennen, die dir nüzzlich sind — und den Geist mit Kenntnissen bereichern. Wenn mich mein Alter nicht

drückte-

drückte — gieng ich selbst hin zum Zemann Przemissl, seine Flur und Aue mit anzusehen. Mein Vater wanderte gern, denn er kam mit dem heiligen Czech aus seinem Vaterlande vor sechszig Jahren hier an, eh' ich noch geboren ward. Gleicher Trieb beseelte mich; allein die Umstände — da ich für mich ganz und gar zu sorgen hatte verhinderten mich an der Befriedigung dessen, was ich dir empfehle. Du hast Knechte, die deine Heerden hüten, Mägde, die dem Hauswesen vorstehn — und mich, der das Ganze deiner Wirthschaft übersieht. Dies hatt' ich nicht. Nimm ihn also mit, lieber Przemissl, und Baal geleite eueren Schritt!

Milowecz. Ich danke dir, mein Vater!

Przedslaw. Kehre bald und glücklich wieder.

Milowecz. O, wer könnte da noch lange weilen, wenn ein grauer Vater harret! —

Prze-

Przemisl. Sorge nicht, Przedslaw! Bald siehst du deinen Sohn wohlbehalten wieder, vielleicht komm' ich selbst mit ihm; denn die göttliche Libussa, welche unsre Mutter ist, wird die Bewunderer ihrer Thaten oft und in großer Menge herbeilocken, — und das ich sie wahrhaft und aus ganzer Seele verehre, ist gewiß! — Leb wohl, Przedslaw! Baal beschützze dich! (drückt ihm die Hand.)

Milowecz. Leb wohl, mein Vater.

(Sie gehen zu verschiedenen Seiten ab.

Damoslaw. (kömmt hervor.) Ich habs vernommen, was mein Innres mit Freude füllt! — regierst, göttliches Weib! — Nach dem Wink der Gottheit machst du Böheim unaussprechlich glücklich! — Wohl uns! — Wohl besonders mir! — ich bete dich an, Libussa! — Aber auch Przemisl sprach — und ist wohlgebildet, jung und edel! — doch kein Wladike, der hundert Ochsen zählt und der kleinen Heerde

viel-

vielmehr, wie Damoslaw. Er ist nur Zemann, ohne Silber und Goldkörnern, die er der Fürstinn als Gabe bringen könnte. Ich hab Reichthum, edlen Muth — und Seelengrösse. Libussa muß mich ihrer würdig finden! — Auf zu ihr! — ohne Verzug. (Er will gehn.)

Neunte Szene.

Wlasta. Damoslaw.

Wlasta.

Gut, Wladike, daß ich dich treffe! so eben war ich im Begrieff zu dir zu gehen —

Damoslaw. Und was bringst du für Bothschaft, Wlasta?

Wlasta. Verkündiget dir mein heiteres Gemüthe nicht schon die beste, die erwünschteste, so du nur denken kannst? Libussa — beuge deine Knie! — ist Fürstinn!

Damoslaw. (Mit einer Kniebeugung gegen das Schloß zu.) Heil ihr! —

Wlasta. Und wird allein herrschen, denn ihre Schwestern machen sich schon zum Abzug bereit.

Damoslaw. Das ist weise — ist göttlich —

Wlasta. Nun, was denkst du, Damoslaw?

Damoslaw. Böheims Wohlfahrt und Glück.

Wlasta. Und was wünschest du?

Damoslaw. Ihre Hand.

Wlasta. Ein kühner Wunsch. Doch wir wollen sehn! — Was soll der Lohn für

mich

mich werden, wenn ich dir diese Fürstenhand verschaffe?

Damoslaw. Rang, Hoheit und Reichthum, ein Mann aus edlem Stamm' entsprossen.

Wlasta. Du versprichst viel Damoslaw; wirst du es aber auch halten?

Damoslaw. Sobald du Wort hältst, und ich Libussens Hand empfange! —

Wlasta. Gut! — Laß mich nun gewähren! — Begieb dich nach deinem Dorfe wieder, ich will dir dahin Nachricht bringen. Leb wohl, Damoslaw! (eilt ab.)

Damoslaw. Nein, Wlasta, ich folge dir!

Wlasta. (inwendig.) Sei nicht voreilig!

Zehnte Szene.

Damoslaw (allein.)

Ich muß sie sehen, die Göttliche, von der mein Wohl — meine Seeleruh abhängt!

(Eilt Wlastan nach.)

Ende des ersten Akts.

Zwei=

Zweiter Akt.

Erste Szene.

(Libussa's Gemach.)

Libussa (allein)

Allmächtigen Beschüzzer! — Geleitet den Schritt dieser Theuern, die mich iezt verlassen, sicher und ohne Gefahr! (geht ans Fenster.) Noch einmal, leb wohl, theure Kassa! — und auch du fromme Tetka! — (Pause.) So bin ich denn ganz alleine! und Herrschersorgen ruhen auf meinen Schultern! Eine Last, die ich nur mit der äußersten Anstrengung ertragen kann! — O, wer vermag mich zu trösten? —

Zweite Szene

Libussa, und Wlasta.

Wlasta.

(Welche beim Eintritt das Lezte gehört hat.)

Wenn du, meine theure Frau, deiner Dienerinn Trost — der freilich nicht so balsamreich als der einer Schwester ist — als einige Schadloshaltung annehmen willst, so bin ich bereit dich über den Verlust zu trösten!

Libussa. Ach, — dort ziehn sie hin! — Der Zug ihrer Dienerschaft ist nur noch sichtbar — ihre Gestalten sind schon meinem Aug' entschwunden.

Wlasta. Ich bin recht froh, daß sie gehn — recht innig froh, daß meine Fürstinn jezt alleine Frau im väterlichen Hause ist.

Libussa. Wie? — (etwas unwillig.)

Wla-

Wlasta. Und sollt' ich meiner Mutter nicht mehr anhängen — ihr nicht besser danken — sie nicht inniger lieben, nicht feuriger verehren, als ieden andern der Menschen, die uns blos in Gesprächen und Vertröstungen wohlwollen? — Sollt' ich meiner Fürstinn nicht das beste Glück, die heiterste Seelenruhe vor allen andern wünschen? — Wer ists, der größre Wohlthat an mir gethan? — Wer der mich glücklich macht, und meine Tage mit Wonne füllt? — Ists nicht die göttergleiche Libussa?

Libussa. Schmeichlerinn! — Wenn mich gleich deine Geschwäzzigkeit eine Weile lang unterhält, so ist sie doch viel zuviel unvermögend, die Langeweile ganz zu tödten, die mich bald umgeben wird.

Wlasta. (mit einem spähenden Blick) Ich wüßte einen Tröster — einen Freund den du wählen könntest — dir die Langeweile zu tödten.

Libussa. Nenn mir ihn!

Wlasta. Ein — Mann.

Libussa. Närrinn!

Wlasta. Sicher ists, meine gestrenge Frau, daß ein Mann, den man sich nach seinem Sinne wählen kann, am besten tröstet — und am gewissesten die Langeweile zu verscheuchen im Stande ist.

Libussa. Mit dem unnüzen Geschwäzze!

Wlasta. Gieb Acht ob nicht bald deine Schwestern so handeln werden, nach dem du sie zu so grossen Würden erhoben, und so vieles ihnen unterthan gemacht hast? — Du aber bedarfst eines Mannes, nicht der dich beherrsche, sondern den du beherrschest, und der dein erster Unterthan sei.

Libussa. Wie ist das gemeint, Wlasta, daß ein Mann mir sollte unterthan sein, da die Natur es gründet, daß der Mann des Weibes Haupt sein muß?

Wlasta. Der Natur nach freilich, meine Fürstinn, ists dem so, daß der Mann das

Oberhaupt des Hauses und des Weibes ist. Allein eine herrschende Fürstinn kann nicht unterthan sein: — niemanden — auch ihrem Manne nicht. Wenn sie dem Gesezze der Natur, sich zu verheirathen folgen soll, so muß daß Gesezz der Natur, welches um der Stärke des Mannes willen ihn zum Oberhaupt bestimmte, hier eine Ausnahme machen, und der Mann muß dem Weibe unterthan sein, weil ein Mann nicht stärker sein kann, als eine Fürstinn und ihr Volk. Denn durch dieses Band bist du verbunden mit deinem Volk — und bist eins mit ihm, folglich stärker als der Mann. Nimm daher einen rüstigen Held unter dem Volke, der, im Fall einmal Zwiestigkeiten zwischen dir und deinen Nachbarn entstünden, deine Unterthanen anführen, und die Feinde aus dem Land vertreiben kann. Nimm dir einen Mann, der reich ist, und deinen Reichthum vermehren kann, damit du mit seinem Zuthun desto glänzender deinem Volk erscheinen kannst.

Libu-

Libussa. Wlaska, du schwärmst.

Wlaska. Nichts weniger, als das.

Libussa. Ich würde mir den Haß dieses ganzen Geschlechts, das mich auf den Fürstenstuhl sezzt, zuziehen, wenn ich über meinen Mann herrschen zu wollen Miene machte.

Wlaska. Bist du nicht Fürstinn? — und wirst du es weniger, wenn du dir einen Gatten wählst?

Libussa. Gegen ihn allemal; denn der Gehorsam des Unterthans hört nach der Verlobung auf — und mein Fürstenwort wandelt sich in Bitte.

Wlaska. Wie mag dirs doch so auffallend sein über einen Mann herrschen zu können und zu sollen, da du weiser bist, als ein Mann? Wer ist in dem Lande, das du bewohnest, der der Dinge Grund erforschen könnte, wie du? Giebts einen Pilweissen, giebts eine Zauberinn, die es

dir

dir gleichthäten? — — Und du willst vor der Herrschaft über einen Mann zittern, die du über so viele Männer herrschest? — Warum sollen aber auch Weiber ihren Männern unterthan sein? — Ihrer Stärke wegen? Ach laß uns Schwerdter führen, wie sie. Laß uns von Jugend auf Kolben tragen, wie sie, laß uns unsre Hände zur Arbeit härten, wie sie, und dann wollen wir sehn, wer von uns den andern an Stärke übertrifft. Ich habe mich etwas geübt in Waffen, laß einen Mann kommen, Libussa, ich wills aufnehmen mit ihm!

Libussa. Du bist dreist, Wlaska, und deine Jahre sollten dich lehren, es nicht zu sein. Du zählst noch nicht das Alter, in welchem der Mann das Schwerdt schwinget, den Bogen spannt, und die Lanze wirft, und du willst es mit einem Manne aufnehmen? Die Natur kann sich in dir versehen, und dich zum Manne bestimmt gehabt haben. Mich bestimmte sie

zum

zum Weibe. Ich bin sanft, und wenn ich schon Männer beherrsche, so will ich doch nie den Mann beherrschen, den sie mir zum Haupte bestimmte. — — Ich will ihre Gesezze nicht umkehren, und ihre Ordnung zerrütten. Libussa weiß noch nicht, was es ist, einen Mann lieblich anschauen, und sie wird die Götter bitten, sie dafür zu bewahren. Tugend und jungfräuliche Keuschheit sollen der Schmuck der Regentinn Böheims sein, so lange sie die Götter leben, und ihr Volk in Ruhe regieren lassen.

Wlasta. Thu kein Gelübde darauf, Libussa! du weißt nicht, ob Männer dich nicht schon mit Liebe angeschauet haben, ob reiche Einwohner des Landes nich schon in ihrem Herzen nach deiner Hand streben, und die glückliche Libussa zu ihrem Eigenthum wünschen.

Libussa. Und wenn sie es wünschten, sie werdens nicht erlangen. Wen ich nicht lieben kann, dem werd' ich auch meine

Hand

Hand nicht reichen, und so lange Libussa sich dem Volke weiht, so lange wird sie der Arbeit so viel finden, daß keine Sehnsucht nach Männern in ihre Seele kömmt. Ich muß das Beispiel werden meiner Unterthanen, nach mir müssen sie sich bilden, und ich verbiete dir und allen meinen Dienerinnen ie eines Mannes Erwähnung zu thun! (Geht ab.)

Dritte Szene.

Wlasta. (allein)

Wird sich schon legen deine Sprödigkeit, gute Frau Libussa! — Das Gefühl, die Sehnsucht nach dem Manne wird schon erwamachen, deß bin ich gewiß. Aber, — verzweifelt, daß mein so schön angelegter Plan mißglückt! — Was werd' ich nun dem armen, schmachtenden Damoslaw zu seinem Troste sagen? — Er kroch mir fast auf den Knien nach, nur daß ich ihn in meine Kammer verbergen möchte. Da ist kein andrer Rath, als daß ich ihm alles haarklein wiedersage, was ich so eben gehöret hab. (Geht an eine Seitenthüre und macht sie auf.) Komm, tapferer Wladike aus deinem Kerker, — und vernimm Libussa's Meinung!

Vierte Szene.

Wlasta. und Damoslaw.

Damoslaw.

Du, der ich alles danken will, traute Wlasta, sprich! — Werd' ich an Libussens Seite glück-

glücklich werden? — wird mich die Göttliche mit ihrer Schneehand erfreun? —

Wlasta. Mein trauter Wladike, so weit ists noch nicht gekommen — —

Damoslaw. (zieht die Stirne in düstre Falten.) Wie so? —

Wlasta. Sieh du immer sauer, es muß dir ia nicht alles nach Wunsch und zu Glücke gehn. Du meinst wohl, die Hand einer Fürstinn zu erobern bedürfe man nur die seinige darnach auszustrecken. Sieh doch die Tochter Kroks nicht für ein gemeines Weib an, der du mit deinen Reichthümern täglich willkommen wärst. Libussa achtet deren nicht, bedarf deren nicht, denn ein ganzes Volk gehöret ihr an, und du selbst bist ia ihr Unterthan.

Damoslaw. Ha, die Fürstinn ist stolz geworden. Aber es giebt in Böheim noch Männer, die regieren können.

Wla-

Wlasta. Nicht wild, nicht ungestümm, Wladike! — Verscherze nicht durch Drohung das, was du durch Nachgeben, durch eine edle Aufführung und durch meine Hilfe noch erlangen kannst. Hör' den Rath derienigen, die es gut mit dir meint; laß die erste Hizze Libussens verrauchen, nach welcher sie glaubt, sie müsse keinem Manne ihre Hand geben. Rede ihr zu Gefallen, zeig' ihr Edelmuth und Biederkeit, und laß mich für das übrige sorgen. Thust du aber das nicht, so bist du auf immer mit deiner Hoffnung verloren.

Damoslaw. Ich will dir folgen, — sehe ich aber, daß mich deine Rede täuschet, — daß mich Libussa verachtet — — Ha! — —

Wlasta. Besorge nichts Widriges, edler Damoslaw! Libussa wird sich in ihren Gedanken ändern und bald einsehen lernen, daß ihr ein Mann gezieme — und daß es nur Damoslaw sei, der ihrer würdig ist. (Hat sich unter dieser Rede nach dem Fen-

ster

ster zugewandt.) Ha! — Libussa zieht aus, ihre Dirnen begleiten sie all zu Pferde. — Wo muß der Zug hinwollen? Gewiß sie zürnt, daß sie mich zu Hause läßt — und mir nicht einmal die Absicht ihrer Reise entdeckt — oder anvertraut. Sie zürnt deinetwillen, Damoslaw! — Sieh, was ich leide!

Damoslaw. Desto angenehmer wird dir dann der Genuß der Freude sein! — Lebe wohl, Wlasta! ich eile meinem Dorfe zu, das ich am frühsten Morgen verlies, und seitdem nicht wieder sah.

(Geht ab.)

Wlasta. (nachdenkend.) Libussa's Reise ist mir ein Räthsel!

(Geht ab.)

Fünfte Szene.

(Eine Landschaft mit anmuthiger Aussicht ins Gebirge, welches mit Feld, Wiesen und einzelnen Hütten bebauet ist.)

(Man sieht verschiedenes Ackergeräthe vor einer niedlichen Hütte liegen, die mit einem lebendigen Zaun eingeschlossen ist, und von Bäumen beschattet wird.)

Przemisl und Milowecz (treten heraus.)

Przemisl.

Ich gab dir, was mein kleiner Acker und der Fleiß meiner Hände erzeugen kann; — gab dir von allem, was ich habe — und diese kleine Hütte aufbewahren kann: doch willst du dirs bei mir nicht länger gefallen lassen?

Milowecz. Ich danke dir für die gute Bewirthung, und würde gewiß mehr — und länger davon geniessen, wenn mich nicht schlimmer Nachbaren, die oft muthwillig die Saat verheeren, und den Acker zur Einöde umschaffen, aus Neid und Bosheit, feindseliges Verfahren gegen meinen greisen Vater beginnen, von hier riese. Vergieb mir diese Eile von dir, Freund — sie ist zum Besten des Vaters — zum Besten meiner Unterthanen sehr nothwendig.

Przemisl. Wie? böse Nachbaren hast du, Milowecz?

Milowecz. Sehr böse, mein guter Premisl, worunter Rozhon der schlimmste ist. Immer hat er was an mir zu neiden — immer findet er Gelegenheit zum Zank und Streit! O, wenn das so fortwährt, so laß ich Feld und Hütte stehn, lade meinen Vater auf den Karrn, treibe meine Heerden vor ihm her, und komme zu dir.

Przemisl. Willkommen würdest du mir sein, Freund! — aber warum wolltest du deine schöne Besizzung im Stiche lassen, warum neidischen Faulen, der sich vom Schweiße seiner Nebenmenschen mästet, und sorgenlos auf der Bärenhaut hinstreckt, Gelegenheit geben sich noch vollkommner zu mästen — und auf seiner üppigen Bucht dem Gedanken gemächlicher nachzuhängen, wie er es noch feiner machen kann, um den Arbeitsamen mit mehreren Gründen zu drücken, und sein Eigenthum an sich zu rauben? — — Nein, behaupte du dein Recht, das dir Arbeit, Fleiß und Schweiß zum Heiligthume macht! Will dich Rozhon sündhaft drücken, so klage es deiner Fürstinn, die dir gewiß Recht sprechen wird. Du bist glücklich, [illegible], daß du in der Nähe von [illegible] hausest, wo deine Landesmutter alles sehen kann. Wir entfernten Unterthanen sind bei weitem nicht so glücklich. Den [illegible] Gnadenblick erfreut uns nie. Sie scheuen die Entfernung — das Ungemach der Reise — und besuchen unsere Hütten nicht. Ihnen ist es genug, wenn ihr nächster Wladike, ihr nachbarlicher Herrmann im Wohlstande lebt — und

Ochsen

Ochsen nach Hunderten zählen kann. Diesen Wohlstand sehen sie mit Wohlgefühl — unbekümmert, obs denn im entfernten Landesstrich und Gebirg dem Arbeitsamen eben so — oder böse gehen mag. Bleib du daheime, du hast eine gute Mutter dort, der du deine Noth ungescheut klagen darfst, und die ihren Kindern gern hilft!

Milowecz. Ich will mir deinen Rath zu Nuzze machen. Willst du mich nicht wieder bis nach Kuchel begleiten? —

Přemisl. Diesmal nicht über meinen Bezirk hinaus; denn versäumtes Geschäft — und liegengebliebene Arbeit machen meine Gegenwart und verdoppelten Fleiß nothwendig. Ich will dich zu meinem Nachbar Ctjrad bringen, der dich dann bis gen Kuchel sicher geleiten wird.

Milowecz. Ich hab nun deine schöne Flur und die innre Beschaffenheit deines Hauswesens kennen gelernt — und werde mich ernstlich bemühn beides nachzuahmen. Leb wohl, Freund Přemisl!

Przemisl. Grüß deinen biedern Vater auch von mir, — und siehst du Libussen, so neige dich auch einmal in meinem Namen vor ihr. Leb wohl! — Wart, ich begleite dich! (Beide gehen ab.)

Sechste Szene.

Libussa, Strátka und einige Dirnen (kommen von der andern Seite.)

Libussa.

Laßt nur die Rosse zurück, und bindet sie an jene Birken dort. Hier seh' ich eine Hütte — wir wollen uns Erholung vergönnen, wollen den freundschaftlichen Wirth bitten, uns einen Labetrank zu reichen. (Pause.) Das ist wahrlich eine anmuthige Gegend. Ihr Besizzer muß ein Mann vom vielen Fleisse, von unermüdeter Arbeitsamkeit sein.

Strátka. Wahrlich, gestrenge Fürstinn, diese Gegend ist dem Paradiese gleich. — Welch einen Reiz hat sie gegen die dichten Wälder, die wir eben verlassen haben, wo uns der Schauder überfiel, wo die Natur ausgestorben zu sein schien, wo nur dann und wann ein schüchternes Reh sich sehen lies, das dem Zahne des Raubthiers zu entgehen suchte, wo Feuchtigkeit den Erdboden mit unnüzzen Schwämmen bedeckte, und kaum die Sonne einen ihrer milden Stralen an die Wurzeln der Bäume zu treiben vermochte. Ich wähnte schon wir reisten dem allgemeinem Tode der Natur entgegen. Lieblich erschien uns Helle schon in der Ferne, und endlich öffnete sich dieser Wonneanblick, der blaue Himmel war wieder rein, schön und heiter zu sehen. Keine dumpfen Dünste stiegen aus dem Erdboden mehr empor, die der menschlichen Brust beschwerlich fielen.

Libussa. Wie uns mit einemmale das Rauschen des Wassers begrüßte — — und das

Wieh-

Wiehren unsrer lechzenden Rosse ihm Dank ward. Leben und fruchtbares Grün zeigte sich unseren Augen. — Doch laßt uns auf dem Rasen niedersizzen, meine Töchter — und so ein Weilchen lang des frohen Anschauns geizend geniessen! (Sie sezzt sich vor der Hütte auf eine Rasenbank, ihre Dirnen lagern sich zu ihren Füssen.) Es sieht mir so ganz häuslich und ordentlich hier aus. (Sie blickt durch die offne Thüre in den Vorhof.) Da giebts des zahmen Viehes allerhand — und genug. Dieses Hauses Besizzer möcht' ich schon kennen, er ist gewiß einer der Fleißigsten meiner Unterthanen. Seht nur die schöne Ordnung, die bei ihm herrscht, und wie alles so reinlich ist! — Hier ist kein Fleckchen Landes unbenuzzt.

Strátka. Dort seh' ich einen Zemann herkommen. — Sollt' er wohl nicht der Besizzer dieses Häuschens sein?

Libussa. Welch edle Gesichtsbildung? — wie hold und milde seine Züge? — O, dieser Anblick entzückt! — Götter! — welche

— nie

— nie gefühlte Regungen werd' ich — in meiner Brust gewahr? — Er nahet sich! Unerklärbar — wie mir auf einmal wird!

Siebente Szene.

Die Vorigen. Przemisl.

Przemisl.

Welches Glück, das mir die Götter gewähren! (Naht sich Libussen ehrfurchtsvoll und küßt den Saum ihres Rocks.) Sei mir gegrüßt, Frau! Sei gegrüßt von deinem treusten Knecht, erhabne Fürstinn! Nochmal sei gegrüßt auf dieser Flur, die ich deinem weisen Vater zu danken hab — und die ich dir, so oft sie grünen wird, danken werde. Empfange meine Huldigung in meinem Eigenthume, das nebst allem, was drin ist — dein Eigenthum, Das Werk deiner Gnade ist.

Libussa. Zemann, — du verkennest mich!

Przemisl. Nein. Es kann niemand sein, der mich besucht, als meine edle, gestrenge Fürstinn: — und sagte mirs nicht die zahlreiche Begleitung, sagte mirs dein Auge nicht, so ists der Anstand, der dich mir kennbar macht. Du bist ganz die Göttliche, als dus zur feierlichen Stunde warst, da Böheims Glück dir übergeben ward. Ich sah dich — reichte dir das Loos — und iene Götterklarheit stralte aus dem Blick, der dich noch nicht verläßt. Ich beuge mein Knie vor dir, edelste der Töchter meines Kroks, dessen Andenken im Herzen mir lebt.

Libussa. Steh auf, edler Zemann, ich verlange von meinen Unterthanen keine Demüthigung. Sie sind Menschen, wie ich. Ich liebe sie alle, aber vorzüglich die, deren Fleiß dem Lande nüzzlich wird. Ich habe deine Anstalten bewundert. Sähe es in ganz Böheim so aus, wie in deinem

Ei-

Eigenthume, wo wäre ein glücklicheres Land, als dieses. Ich werde an dich denken, edler Zemann, wenn, ich nach Psary komme; ich werde dich vorstellen zum Muster allen Zemannen und dem ganzen Volke, senden werd' ich sie zu dir, um von dir zu lernen, wie man das Land verschönern, wie man dem Lande nüzzlich werden soll. Belohnen werd' ich deinen Fleiß und deine Arbeit.

Przemisl. Wohl gefällt es meinem Herzen, daß Libussa meiner Hände Arbeit gut findet. Aber wozu belohnen, wo ich nur meine Schuldigkeit that? — Nein, Fürstinn, ich verlange keinen Lohn. Auch werd' ich nicht so stolz sein, mich als Muster vorgestellt wissen zu wollen; aber wo du einen findest, der von mir lernen könnte des Landes Beschaffenheit, und wie dasselbe besser zu benuzzen; den sende zu mir, und ich werde ihm Unterricht geben nach meinen besten Kräften.

Libussa. Edler Zemann! — wenn du dir nicht willst von mir danken lassen, so wird dirs dereinst mein treues Volk!

Przemisl. Stille davon, Frau! — —

Libussa. Strátka! wir wollen wieder fort. (Sie erhebt sich von ihrem Sizze.)

Przemisl. Voriezt noch nicht. Ich laß dich aus meinem Eigenthum nicht eher, als bis du gekostet haben wirst von den Früchten meines Feldes, oder der Milch meines Viehes.

Libussa. Ein Labetrank soll mir willkommen sein!

Przemisl. Oder steht dir ein Trunk meines besten Meths an? — ich will dir ihn reichen.

Libussa. Gastfreundlicher Mann!

Przemisl. Hier sizzt sichs nicht übel, meine ich — oder willst du lieber das Innre meiner Hütte sehen?

Libussa. Nein, Zemann! — will lieber hier sizzen bleiben, wo die ästreiche Linde uns Schatten — ihre Blüthen Balsamduft — und das Rascheln der Blätter ein angenehmes Etwas gewähren, das ich in keinem eingeschränkten Gemach finden kann. Laß mich hier bleiben, wo mich das Fächeln des Windes erquickt, der Fleis der schwärmenden Biene aufmerksam macht. In deinem Innren siehts eben so ordentlich und schön aus, als hier, dafür bürgt das Aeußere genugsam! — Bring uns ein Morgenbrod!

Przemisl (Geht hinein.)

Stráтka. Den Mann hätt' ich hier nicht gesucht. Er beschämt Wladiken und Ritter mit seiner Höflichkeit. Solch ein edler Anstand, das Angenehme seiner Gebährden, das Liebliche seiner Stimme — — gewiß, dies alles hätt ich bei einem Manne nicht gesucht, der hinterm Pfluge geht. Gefällt er dir, Frau? —

Libu-

Libussa. (Verwirrt.) Mir? — ich? — wie —? —

Strácka. Ob dir dieser Zemann nicht gefalle?

Libussa. (Gefaßt.) Seine Einrichtung hat meinen Beifall.

(Przemisl kömmt mit einigen Knechten, welche ein Tischchen bringen, heraus. Das Tischchen wird unter eine schattenreiche Linde gesezzt. — Man holt einige Bänke und auch den Pflug herbei, worauf man sich sezzt.)

Przemisl. (Hat eine Kürbisflasche in der Hand und trinkt Libussen zu.) Willkommen! (Nachdem er getrunken, reicht er die Flasche Libussen hin.) Laß dirs schmecken, Libussa! — es ist der Geist des gegohrenen Birkensafts — und erquickt.

Libussa. Ich will dir Bescheid thun. Auf dein Wohl!

Przemisl. (Geht hinein und bringt eine Schüssel mit Milch heraus. Seine Knechte breiten ein sauberes Tuch auf das Tischchen, geben hölzerne Löffeln her, holen Brod, Butter und in Körben Obst und andre Früchte mehr, die sie ehrfurchtsvoll aufs Tischchen sezzen.) Laß dir's schmecken mit deinen holden Dirnen, Frau! — Laß dirs schmecken bei einem deiner treusten Unterthanen, ders dir gerne giebt — und dem's eine überschwengliche Freude ist, dich hier zu sehen. Freilich ists kein fürstliches Mahl, allein du bist auch auf dem Lande Herzoginn.

Libussa. Können meine Zemanne auch schmeicheln? Eine Fürstinn kann nur satt sich essen, und sie hats besser, daß sie sich nicht an Leckereien gewöhnt, so schmeckt ihrs desto wohler. Und du sollst allerdings sehen, daß es einer Fürstinn unterm Schatten einer Linde, und an der Hütte eines Unterthans so wohl schmeckt, wie im prunkvollen Garten ihres Pallasts.

Przemisl. Lange dann also zu!

Libussa. Ehe ich von deiner lieblichen und reinlichen Kost etwas genieße, muß ich vor-

her

her dich bitten, deine Hausfrau mir zuzuführen, damit ich kennen lerne das Weib eines so edlen Mannes. Sie muß dich nicht allein über alles lieben, weil du so friedlich und ruhig in deinem Gemüthe bist, sondern deine ganze Wirthschaft zeigt deutlich an, daß du auch dir kein unordentliches Gespons ausersehen.

Přzemisl. (Lächelnd.) Fürstinn, dein Unterthan ist nicht beweibt.

Libussa. (Heiter und schnell.) Nicht? — (Zurückhaltend.) Und — wär' es möglich, daß ein solches Hauswesen so ordentlich ohne ein Weib geführt werden könnte? — Nein, Zemann, du willst uns nur dein Weib vorenthalten. Vielleicht ist sie so schön, daß du denkst, wir beneiden sie? — Zemann, hier ist keine meiner Jungfrauen, die einen Funken solchen Sinnes in ihrer Seele hätte. Laß sie immer hervorgehen, daß wir ihr liebkosen, als die uns so herrlich bewirthet. Oder ist sie schamhaft? Sag ihr, sie brauche nicht zu scheuen das

Angesicht ihrer Fürstinn und Frau, die ihr gewogen ist.

Przemisl. Bewahren mich die Götter, daß ich mich unterfangen sollte zu belügen die Tochter Herrn Kroks meines Lehrers. — Nein, Frau Libussa, ich bin noch nie beweibt gewesen. Da ich hier ein ruhiges, glückliches Leben lebe, so hab ich keinen Grund, warum ich fürchten sollte, ohne Weib nicht zu bestehen. Ich hab dich nicht belogen.

Libussa. Ich will dir glauben, denn du siehst zu ehrlich aus, um nicht die Wahrheit zu reden, wenn man dich auffordert. Auch will ich mich nun sezzen und von deinem Frühstück kosten; allein während wir unserm Magen etwas bieten, sollst du mir den Grund sagen, warum du in diese reinliche, freundliche, liebe Hütte kein Weib aufnimmst? — Ich bilde mir ein, es würde einer böheimischen Dirne ein sehr willkommner Fund sein, so als herrschende Frau hier einzutreten. Es muß gewiß eine geheime Ursach haben, die dich abhält. (Sie sezzt sich auf einen Schemmel nieder.) Sezz dich an meiner Seite, Zemann! — Sezzt euch, meine Töchter! —

Przemisl. Nein, erlauchte Frau, mir ziemt es hier aufzuwarten!

Libussa. Zur Aufwartung sind deine Knechte da. Sezz du dich nur neben mir — und such der Pflicht nicht auszuweichen, die ein freies Geständniß der Gründe heischt, warum du dir kein Weib erkiesest? (Sie langt zur Schüssel und ißt. Ihre Dirnen folgen ihrem Beispiele nach.)

Przemisl. (Sezzt sich auf den umgestürzten Pflug etwas rücklings, doch an Libussa's Seite.) Du befiehlst — ich gehorche.

Libussa. Warum hinter mir? — Soll ich dir nicht scharf ins Auge sehen können? — Rücke mit deinem Sizze vor — und frühstücke mit uns! (Sie reicht ihm einen Löffel.)

Prze=

Przemisl. (Ißt mit gutem Appetit und ohne sich einen Zwang anzuthun.)

Libussa. Das schmeckt mir, als es noch nie so gut geschmeckt hat. (Sie langt nach dem Brod und der Butter.) Weil du also sprichst, daß du keine Wirthinn habest, — so will ich deren Stelle einstweilen einnehmen — (scherzend.) — und so walten, als wenn ich hier zu Hause wäre!

Przemisl. Du bist es auch. Unumschränkte Beherrscherinn meines Eigenthums, handle nach Gefallen!

Libussa. (hat so eben eine Butterschnitte bereitet und legt sie vor Przemisln hin.) Laß dirs aus meiner Hand schmecken, Zemann!

Przemisl. (Entzückt und ehrfurchtsvoll.) — Göttliche Libussa! — deine Herablassung —

Libussa. (Will nicht auf ihn hören.) Iß doch, Strátka! — Laßt euchs schmecken, meine Kleinen! (Sie essen — und es erfolget eine Pause.)

Strátka. (für sich.) Der Fürstinn Huld ist groß gegen diesen Zemann. Was muß sie doch mit ihm im Sinne haben? — Gewiß nichts geringeres, als daß sie ihm eine aus uns zur Gesellinn geben will. — Mit ihm wollt' ich schon leben — — zufrieden — und auch glücklich sein!

Libussa. (hört auf zu essen.) Wir haben dem Guten ein wenig viel gethan; lieber Zemann, du hast meinen Hunger köstlich gestillt, gieb nun meiner Neugierde auch etwas, und sag mir, warum nimmst du kein Weib?

Przemisl. Libussa, vom ganzen Volke gewürdiget seine Herrscherinn zu werden, — Kroks liebste Tochter, der weise war, und Vergangenheit und Zukunft kannte, gehört selbst zu sehr zu den Weisen, und übertrift zu sehr alle Pilweisen, als daß sie nicht wissen sollte, was ich ihr iezt sagen will. Allein ich will dem Willen meiner Frau und Herrscherinn unterthan sein. Ich mochte ungefähr sechs Jahr alt sein, als meine Mutter, welche auch keine der dümmsten Weiber des Landes war, von einer Pilweisen und gutartigen Zauberinn besucht wurde, die denn bei diesem Besuche auch mich erblickte. Sie fuhr zurück als sie mich sahe. „Bube — sprach sie — dir steht ein grosses Glück bevor, allein du verscherzest es, wenn du dir ein Weib nimmst.“ Ich wußte damals nicht, was das bedeuten sollte, aber meine Mutter war mehr für mich besorgt, nahm die Pilweise mit sich in ein besonderes Gemach, und bat sie flehentlich, ihr zu entdecken, was sie eigentlich von mir voraussähe?

Libussa. (aufmerksam.) Ich bin begierig zu hören, was sie sprach.

Przemisl. „Ich sehe ihn, sprach sie, als einen begüterten Zemann; allein, wenn er ein Weib nimmt, so kann ihm das nicht angeboten werden, was ihm werden soll, wenn er unter freiem Himmel an einem eisernen Tische sein Mittagsmahl hält.“

Li-

Libussa. Der Anfang ihrer Worte trift ein — — aber die Folge — —

Przemisl. Nun warte ich lange auf den Ausgang dieser Prophezeihung, denn meine Mutter hat mirs eingeprägt, und täglich vorgesagt, ich sollte mein Glück nicht verscherzen.

Libussa. (wird nachdenkend.) Dies also die Ursache — deiner Ehelosigkeit? —

Przemisl. Dies — und keine andere.

Stratka. (betrübt.) O weh! — da seh' ich keine Hoffnung, die mich ferner anlächeln könnte!

Libussa. (für sich.) Solltest du wohl in mein Innres sehen können, Mann? — solltest du mir dies Geständniß blos deßhalb gemacht haben, um eine höhere Stufe in meiner Gunst zu erlangen? — (Ihre Laune verbessernd.) Die Menschen sind doch wunderlich — und am wunderlichsten

mein

mein Geschlecht, ein Schatten kann es oft mißlaunisch machen, daß es tagelang schmollt und unerträglich wird. (Mit angenommener Heiterkeit.) Da hast du freilich Recht, Zemann —

Przemisl. Ich lebe so beglückt und zufrieden —

Libussa. Ja, es ist wohl sonderbar, und mag man dirs nicht verdenken, wenn du zauderst ein Weib dir zu nehmen aus den Töchtern des Landes. Aber, mein Lieber, so ich wie du wäre, ich — würde meines Glücks Erwartung wenigstens besser befördern.

Przemisl. Und wie kannst du glauben, Fürstinn, daß ich hierin fehlen sollte?

Libussa. Allerdings. Ich würde stets an einem eisernen Tische unterm freien Himmel essen.

Przemisl. (Lächelnd.) Ja — ich halte auch mein Mittagsmahl immer unterm freien

Himmel, drehe meinen Pflug und mache seinen eisernen Schaar zu meinem Tische. Wenn da das Glück will, so kann es wohl mich aufsuchen.

Libussa. (ebenfalls lächelnd.) Allerdings. — Aber iezt ist es Zeit dich von deiner Ordnung nicht mehr abzuhalten. (Sie stehen auf.) Ich habe mich recht erquickt.

Przemissl. Das erfreuet mich.

Libussa. Gegessen und getrunken nach Herzenslust — und bis zur Sättigung. Jezt, Freund! — meinen Dank will ich aufbewahren, bis du selbst nach Psary kömmst — dort soll er dir reichlich werden! — Aber allzugefälliger und glücklicher Zemann, Sag mir deinen Namen, daß ich dich zu nennen weiß!

Przemissl. Mein Name ist Przemissl. — — Was den Dank anbelangt, so ist mir dein liebreicher Besuch mehr werth als all dein Gold. Nach Psary werd' ich wohl nicht kommen.

Libussa. Nicht kommen? — warum? —

Przemisl. Man würde wähnen, ich käme des Danks wegen.

Libussa. Du willst mir also die Freude nicht gönnen, deine Gastfreundlichkeit zu erwiedern? dich eben so willig und gern bei mir zu bewirthen, als du mich bewirthest? — du willst mich verschmähen?

Przemisl. (Stuzzt.) Das nicht; — so sündhaft würd' ich an deiner Person nicht handeln! (etwas leise.) — Ich muß nur deinen Dirnen aus dem Wege gehn, — und du hast deren so viel um dich!

Libussa. Besorge nichts von ihnen! — Nun (seine Hand drückend.) Leb wohl, Zemann Przemisl! —

Stratka (gleichfalls seine Hand drückend.) Wir danken dir alle, Przemisl! (Sie gehen auf der Seite ab, woher sie gekommen waren.)

Prze-

Przemisl. Lebt wohl! — und wenns euch so gefiel, besuchet mich bald wieder. (Ist willens sie zu begleiten.) Ha, die göttliche Libussa schwang sich schon auf ihr Roß — und fliegt davon! — Ihr himmlischen Mächte, beschüzzet sie! (Seine Knechte räumen auf und gehen ab.)

Achte Szene.

Przemisl (allein.)

Nun hab' ich nicht mehr Ursach mit dem Schicksal zu murren; nun darf ich nicht mehr klagen über das Verhängniß, das uns die Fürsten vorenthält. An Libussa's Erscheinung sah ichs schon, daß sie keine Entfernung — kein Ungemach der Reise scheuen — unsre stille Flur zu besuchen —

vom

vom geilen Schranzen und müssigen Wladik sich abzusöndern — und den arbeitsamen Landmann in seiner niedren Hütte zu besuchen! Dieser Tag, an dem mich unsre göttliche Libussa freundschaftsvoll besuchte, soll mir ein heilig Jahresfest werden, das ich mit meinen Knechten in heiliger Andacht begehen will, so lang' ich leben werde!

Neunte Szene.

Giwoy und Przemisl.

Giwoy.

Glück und Segen deiner Flur, mein guter Přemisl!

Prze-

Przemisl. Je, wo kömmst du her, mit deinem frohen Wunsche, Giwoy?

Giwoy. Ich schweife allenthalben umher, und suche der bedrängten Ehrlichkeit Freunde anzuwerben, die sie in ihren Schuzz zu nehmen bereit wären.

Przemisl. Suchst du diese? — Ich lasse mich finden.

Giwoy. Gut. Willst du mit mir ziehn, und dem Manne vom Wort und Ehre beistehn, daß er behält sein Haus und Gut ungekränkt? —

Przemisl. Das will ich.

Giwoy. Die Hand darauf!

Przemisl. Hier ist sie! (sie schlagen ein.) Doch, nenn' mir den Bedrängten!

Giwoy. Milowecz.

Prze-

Przemisl. Wie? —

Giwoy. Der böse Geizhals Rozhon hat sich mit dem Ruhestörer Damoslaw vereiniget Libussa's Abwesenheit zum Nachtheile dieses biedern iungen Mannes zu benüzzen. — Er droht seiner Flur mit der fürchterlichsten Verwüstung, und wird sie um so leichter bewirken, da die Fürstinn abwesend ist, folglich den Nothleidenden nicht beschüzzen kann.

Przemisl. Der gierige Wolf! Ja, Freund Giwoy! ich ziehe hin mit dir, um den armen Milowecz zu schüzzen; ich nehme zehn meiner Knechte mit — und hoffe: die Götter werden ihren Muth stählen zum gerechten Streit!

Giwoy. Ich nehme der Meinen auch zehn, sie sind muthig, und werden aller Gefahr trozzen!

Przemisl. Ach, daß du schon fort bist, göttliche Libussa! — Hören solltest du es selbst,

wie

wie bös deine Gewaltigen sind, wie sündhaft sie iede Gelegenheit abstehlen dem Nachbar zu schaden, wie gotteslästerlich sie deine Abwesenheit mißbrauchen! — — Mein guter Giwoy — doch — noch kannst du sie von ienem Hügel sehen! — Steige auf — sieh — und bewundre ihren Flug! (er führt ihn auf eine Anhöhe.) Siehst du dort der Rosse Schwarm? — siehst du wie des weissen Hengstes flüchtiger Tritt mit vierfachen Huf den lockern Boden hinter sich wirft, daß er zur rauchenden Wolke wird — und himmelan steigt?

Giwoy. Ich sehe, ich sehe!

Przemisl. Libussa sizzt auf seinem Rücken.

Giwoy. (verwunderns.) Libussa? —

Przemisl. (entzückt.) Ja sie, die Göttliche, die wir unsre Mutter nennen, begleitet vom Schwarm ihrer schmucken Dirnen. Du siehst noch den Tisch, worauf sie ihr Morgenmahl einnahm — siehst

noch

noch den Schemmel, auf dem sie saß — dort noch den Pflug verkehrt, auf dem ich mich neben ihr sezzen mußte! — Bin ich nicht glücklich und beneidenswerth, Giwoy, daß ein so edler Besuch mir zu Theile ward?

Giwoy. Du kannst stolz sein, denn Libussa beglückte außer dir noch keinen mit ihrem freundschaftlichen Besuch! — Aber komm und rüste dich! — Ist dein Nachbar Etjrad auch darheime?

Przemisl. Wenigstens wird er nicht weit von Kuchel sein!

Giwoy. Wie das?

Przemisl. Milowecz war bei mir — und er geleitet ihn nach Hause.

Giwoy. Desto besser, so kann er gleich mittanzen beim blutigen Reih'n, der dort beginnt. Pfui! über die Bluthunde, die sich wüthend über den wehrlosen Greis

machen

machen, da seine Stüzze, sein einziger Sohn abwesend ist! — Auf, Przemisl! laß uns die Schandthat rächen! — laß uns sie mit eisernen Ruthen geiseln, daß sie Blut brechen müssen, zum Verderben ihrer selbst!

Przemisl. Ich will nicht dahinten bleiben. Komm in meine Hütte und labe dich einstweilen, bis ich mein Haus- und Wirthschaftswesen geordnet habe; dann folg' ich deinem Ruf, dem Ruf des allgemeinen Wohls! — Komm!

(Sie gehen in die Hütte ab.)

Ende des zweiten Akts.

Drit-

Dritter Akt.

Erste Szene.

(Die Bühne ist wie zu Anfange des ersten Akts)

Kolo und Rozhon.

Kolo.

Ich rathe dir nicht zum Streite, mein Sohn, weil der Sieger selbst dabei verliert. Laß dem Nachbar was sein ist, so kömmst du nicht und das deine. Das war Vater Kroks Grundsazz, und er handelte weise, daß er treu an ihm hieng; dies bracht' den Wohlstand seines Landes, dies gab ihm Ruh — und schuf allmächtiges Entzücken rings umher! — Sieh, die lachende Flur, die himmelhohen Eichen im Wald, die blöckenden Heerden auf der blummenreichen Aue; — sie wären uns nicht zu Theile geworden, wenn unser Vater kriegerischen Muths — und wir nach fremden Gütern lüstern gewesen wären! — Danke es dem goldnen Frieden, Sohn, daß du hast, was dich in den Stand der Wohlhabenheit sezzt, dank' es meinem Fleisse — und meiner Genügsamkeit, daß du keine Oeden findest, die mit Diesteln bewachsen sind!

Rozhon. Du hast Recht, Vater, dies alles dank' ich dir! aber ich kann es nicht ohne Neid ansehen, wenn mein Nachbar mir gleich kommen — sich bis zu meinem Wohlstand erheben will. Ich beneide meine Knechte nicht, wenn es ihnen wohl geht, und schaff ihnen der frohen Tage viel. — Dieser Milowecz ist mir widrig — sein Anschaun kann ich nicht ertragen — und schon der Gedanke, daß er Wladik heißt, macht mich rasend. Ich hasse ihn! —

und

und Schlaf komme nicht eher in meine Augen — Ruhe fliehe meine Seele — und kehre nicht eher zurück, als bis ich ihn unterdrücket habe! —

Kolo. Warum denn gerade ihn?

Rozhon. Weil er all meinen Hoheitsentwürfen geizend nachspürt — und sie nacharbeiten will.

Kolo. Sonderbar!

Rozhon. Ja wohl sonderbar! aber ich will ihn zermalmen! — Den Anfang will ich mit einem kleinen Streite machen, und so stufenweise gehn, bis er sich nicht mehr regen kann!

Kolo. Sohn, du wirst unmenschlich, — und ich erkenne dich nicht für mein Blut.

Rozhon. Immerhin, wenn dir mein wachsendes Ansehen gleichgültig werden kann! willst du mir nicht rathen, so muß ich all meine Kraft dran wenden, mir den Vorzug vor ihm zu verschaffen. Leg' dich immer hin aufs Ohr — und schlafe! besser ist es mir und ersprießlicher, als wenn dein weibisch Gemüthe mich wankend machen sollte! — Damosslaw ist mein Freund, ihm will ich mich anvertrauen. — Er braucht meinen Arm, ich den seinen — und so wollen wir vereint an unsrem Glanze arbeiten. Leg' dich schlafen, wenn du mir nicht nüzzen willst!

Kolo. Weise mich nur ins Grab, Undankbarer, da ich mich für dich müde und kraftlos gearbeitet habe! — Wem hast du all dein Glück zu danken? — dem Zufall nicht! — Und ich soll mich schlafen legen, da ich dich vor Zerrüttung dessen warne? — Es wird dir wehe genug sein, wenn ich schlafe — und umsonst wirst du mich mit deinem Angstgeschrei zu erwecken suchen, so wie du mich iezt umsonst mit deinen Unmenschlichkeiten zu betäuben suchst! — Wehe dir, Sohn! — Wehe dir, wenn du das graue Haupt deines Erzeugers nicht ehrest! — Baal wird dich strafen dafür!

Rozhon. Hast du mir so weit geholfen — und mein Glück befördert; nun so vollende auch dein Werk, bau' aus das Gebäude, eh' noch der neid'sche Nebenbuhler seinen Grund untergräbt! — Hilf mir Milowiczen drücken — sonst ist all dein Thun nur Tand — und ein leichtes Spinngewebe, das der Wind wegbläßt!

Kolo. Zur Ungerechtigkeit neigt sich mein Ohr nicht! — ich vergehe, daß ich das von meinem Blute hören muß! — O, Rozhon! — Laß ab von diesem Vorsazz, der dir der Götter Zorn und Verderben zuziehen muß!

Rozhon. Ach, das sind Schreckenbilder für den Buben — der Mann zittert vor ihnen nicht!

Kolo. Du frevelst! — Wehe dir! wehe deinem Stamme bis ins dritte Glied!

Zwei=

Zweite Szene.

Damoslaw. Die Vorigen.

Damoslaw.

Was mögen doch die Gäste hier wollen?

Rozhon. Was für Gäste?

Damoslaw. Die Milowecz bei sich bewirthet.

Rozhon. Ha! er sucht Rache an mir zu üben! Wer sind sie?

Damoslaw. Zwei Zemanne Przemisl und Siwoy mit ihren Knechten.

Rozhon. Sind sie bewafnet?

Damoslaw. Mit Schwerdt und Kolben.

Rozhon. So ists sicher, daß sie wider mich einherziehen.

Damoslaw. Oder wider mich.

Roz-

Rozhon. Warum wider dich?

Damoslaw. Aus mehr als einer Ursache. Vielleicht streben sie nach eben dem Ziele, nach dem ich ringe? — Der Eine villeicht nach Libussens, der Andre villeicht nach der Schwester Hand? —

Rozhon. Nein, Damoslaw, du bist nicht im Spiele. Mich, mich allein geht dieser Besuch an; Leihe mir deinen — und deiner Knechte Arm, und ich will sie mit blutigen Köpfen heimschicken! —

Kolo. Sieh hier den Anfang des Uibels, das bald mit allen Schrecknissen über dir losdonnern wird.

Rozhon. Wer so kindischzaghaft wäre, wie das sieche Alter, das sich nicht mehr regen kann! —

Damoslaw. Verzage nicht! — ich leih' dir meine Macht, so du ihrer bedürfest — und du leihst mir die deine, wenn ich im Gedränge bin!

Rozhon. Milowecz muß unterliegen! — Vater, hielf nur diesmal noch mit deinem Rathe mir! — Mein Blut brennt! — ich wüthe — lächze nach seinem Blut! — Wo sind meine Knechte, daß sie die Saat seines Felds zernichten? — wo sind die Würger seiner groß und kleinen Heerde? — Laß sie mich aufschreien? — Komm, Alter, komm! —

(Zieht seinen Vater mit sich fort.)

Damoslaw. Du sollst mir auch nur so lange schäzzbar sein, als ich deiner bedürfe! In der Folge könnt' dein Ansehn fürchterlich werden, und bis zum Kolloß heranwachsen, der mich niederdrücken möchte! — Ich muß mich bei dir vorsehn, guter Wladik! — Ha! — dort seh' ich einen Kahn! ein Weib rudert mit unerschöpflicher Behändigkeit herüber! — Seh' ich recht? — Ja sie ists! — Wlasta!

Drit-

Dritte Szene.

Wlasta, und Damoslaw.

Wlasta. (inwendig.)

Damoslaw!

Damoslaw. Suchst du mich?

Wlasta. (heraustretend.) Dich! — Libussa ist wiedergekehrt! —

Damoslaw. Wohlbehalten?

Wlasta. Ja, Wladike.

Damoslaw. Und — —?

Wlasta. Ist immer noch so gesinnt, als sie vor dem war.

Damoslaw. Das heißt! —

Wlasta. Sie will nichts von dem Manne hören, und hat es uns verboten, sie mit dergleichen Geschwäzz zu belästigen.

Da-

Damoslaw. Unbegreiflich!

Wlasta. Mir gar wohl begreiflich; denn Libussa besizzt Standhaftigkeit, die einer Fürstinn ziemt. Hat sie einmal einen Entschluß für etwas gefaßt, so ist er durch nichts abzuändern.

Damoslaw. Das ist nicht Festigkeit des Karakters, das ist Starrsinn, der sich auf nichts weiter, als auf Weiberschwäche gründet, die sich die Unfehlbarkeit zuschreibt. — Sollt' sich dieser nicht legen? —

Wlasta. So leicht nicht; — Doch weißt du was, Damoslaw, erweck' du eine Art von Unzufriedenheit unter dem Volke — so etwas: daß kein Mann es beherrsche — daß Weiberurtheil — oft nach Gunsten ausfällt — daß — es wird dir nicht schwer werden ein mehreres zu dichten. — — Laß diese Klage vor Libussen bringen, laß sie selbst vernehmen den Wunsch des Volks, welches eifrigst wünscht, daß sich seine Fürstinn einen Gehilfen erkiesen möchte.

Da-

Damoslaw. In des Volkes Herze Argwohn, Mißmuth pflanzen? — es wider seine Fürstinn aufwiegeln? — — das ist schändlich. Nein, Wlasta, dieser Rath kömmt nicht von dir, er ist sündhaft und schrecklich! — Weg damit! — Teufeln mögen ihn befolgen, Damoslaw schaudert vor ihm zurück! — Du lügst, Wlasta! — Eigennüzzige Absichten sind das Triebrad deiner Geschwäzzigkeit! — Du willst nur darum iedes Mannes Antrag von Libussen zurückhalten, um selbst bei ihr am meisten zu gelten, und keinem andern Rechenschaft über sie zuzugestehen.

Wlasta. Du verkennst mich, Damoslaw; mißdeutest meine Worte — und verdammest ein Gefühl als schändlich, das nur w a h r e Freundschaft gebar. Ich schäzze dich — und will dein Glück! —

Damoslaw. Schön gesagt, aber die That stimmt nicht mit diesen Worten überein! — Länger sollst du mich nicht mehr am

Gän-

Gängelbande führen, wie das schwache Kind, das keinen Weg zu finden weis! — Ich bin Mann — und werde den Weg zum Herzen meiner Fürstinn wohl finden!

Wlasta. Unbilliger!

Damoslaw. Halte mich nicht länger auf! —

Wlasta. (Mit Thränen.) Um der Götter willen, bleib' noch zurück, bis ich dir den geschicktesten Zeitpunkt angegeben haben werde, deine Sache bei Libussen vorzutragen! — Ich stehe dir dafür, daß nur du ganz allein über ihr Herz Meister werden sollst! —

Damoslaw. Diesmal noch — und trügst du mich — nimmermehr! —

(Es erhebt sich ein Geschrei.)

Wlasta. Was erhebt sich für ein Geschrei im Dorfe Kuchel?

Damoslaw. Geht das Unheil schon los? — Ich darf meinen Arm vom Schwerdt nicht zurücke ziehn! — (Eilt ab.)

Wlasta. Was stellt das vor? — — Der Lärm wird heftiger; — ich will mich retten! (Geht in iene Gegend wieder hin, aus der sie gekommen war.)

Vierte Szene.

(Libussa's Gemach.)

Libussa (sizzt nachdenkend, ihren Kopf in der Hand, an einem Tischchen.) Kassa, neben ihr zur Rechten. Links Tetka.

Kassa.

Ich weis wahrlich nicht, Schwestern, was ich aus euch machen soll? — Libussa sonst ganz Leben und Freude — seufzet; — und die andächtige Tetka hängt schwermüthig den Kopf, das ist mir ein allerliebster Zeitvertreib! — Ich verlasse mein einsa-

mes

mes Kassin, besuche meine Libussa auf Psary — und finde, daß sie Kopfweh hat. Gewiß, gute Schwester, hat dir dein Spazierrieth nicht wohl angeschlagen? —

Libussa (tief seufzend.) Ach — nur gar zu wohl!

Kassa. Drum seufzest du also darnach? — Wiederhole ihn, wenn er dir so gefiel!

Libussa. Um noch kränker darnach zu werden? — —

Kassa. Gesünder, Libussa, gesünder! denn womit man sich den Magen verdirbt, damit heilt man sich ihn wieder.

Libussa. (für sich.) Ach — Przemisl! —

Kassa. Ein heiteres Gemüthe gehört vorzüglich dazu, wenn man genesen will. — Seufze nicht! — Laß sehen, — hast du Hizze? — Bangigkeit? — Herzklopfen? — Wird dir wohl ein Ritter aufgestossen sein? — Nicht? —

Libussa. Martre mich nicht — — wenn ich dich willkommen heissen soll! —

Kassa. Der Arzt muß alles wissen.

Libussa. Hast du Arznei für die Seele?

Kassa. Diese fehlet mir; aber Trost!

Libussa. Nun, so schweige!

Kassa. Und du, Tetka, was fehlt dir? —

Tetka. Ein Plazz worauf ich meiner Klimba einen Altar bauen kann.

Kassa. Hast du um Tetin dergleichen nicht? — und —

Tetka. O des Raums genug für jede andre Gottheit — nur für meine Klimba nicht. Sie, die mir so wunderbar erschien, soll auch wunderbar verehret werden.

Kassa. Theile uns doch deine wunderbare Erscheinung mit!

Tetka.

Tetka. An einem der frohen Morgen vor Libussa's Fürstenwahl, als ich meinen Göttern im einsamen Haine Opfer brachte, erschien diese Wunderbare mir, mit Götterklarheit umgeben, und trug ein liebes Kind auf ihrem Arm. Tetka! — rief sie mit der süssesten Stimme, die man sich nur denken kann. Im Augenblicke war mein Herz erhoben, wie es noch nie gewesen war, in dem Augenblicke war mein Körper bloß Seele! Es durchglühte mich ein heiliges Feuer, alles körperliche Gefühl wich von mir. Nie noch war ich in einem so seligen Entzücken gewesen. —

Kassa. Und dann? —

Tetka. Himmlische Gestalt! rief ich aus, was führt dich zu mir? — Enthülle dich mir, du Heilige im Himmelsgewande! Laß mich wissen, mit wem ich rede.

Kassa. Und sie? —

Tetka.

Tetka. „Das kannst du nicht wissen. — Doch soviel wisse: du hast das Auge des Allwissenden gesehen, und dein Herz ist bewogen worden, an ihn zu glauben. Ich komme dich in diesem Glauben zu bestärken. Wisse ferner, daß nicht drei hundert Jahre vergehen werden, so wird man das Auge, welches du sahest, allenthalben im Lande verehren, man wird mir und diesem Kinde zu Ehren Tempel erbauen, und alle eure Nachkommen werden vor mir niederfallen.“

Kassa. Sehr merkwürdig und höchstwunderbar!

Tetka. Sie schwieg und ich fiel vor ihr nieder. Entdecke dich mir, Klimba, sagte ich, allein sie sprach, ich sollte mir an diesem genügen lassen, und verschwand. Das Gesicht hat mich ganz mit Eifer erfüllt, und ich will mir einen Plazz suchen, wo ich dieser Göttinn einen Hain zurichten, ihr Andenken verehren, und ihr opfern kann.

Kassa. Deine Erscheinung ist sonderbar — und noch sonderbarer dein Betragen! — Ich sehe wohl, daß ich bei euch kleinmüthigen Dingern wenig Unterhaltung finden werde — und will mich dahero wieder auf mein Schloß Kassin machen! —

(Man hört von weiten ein Freudengeschrei.)

Libussa (fährt auf.) Was ist das?

Kassa. Jubel des Volks.

Libussa. Worüber denn?

Kassa. Als wenn Libussa's Kinder nicht Ursach hätten immer froh zu sein? — Als wenn einmal ihr Dank gegen dich in ihrem Busen verlöschen — oder andere Empfindung den lauten Jubel ihrer Herzen unterdrücken könnte? — Sie segnen deine Tage — und ihr Glück!

(Man hört unterm Freudenruf den Namen Giwoy.)

Libussa. Giwon? — Giwon?? — Siehst du nun, Kassa, daß mich der Freudenruf nichts angeht? Sie nennen einen andern, werden ihn wohl gar zum Fürsten erheben — und mich herabstürzen! — Hab' ich nun Ursach froh und munter zu sein? —

(Man ruft unter Libussa's Fenstern.)

Heil unsrer Fürstinn Libussa! und dem tapfern Zemann Giwon! —

Kassa. Du hast nur halb gehört den Ruf des frohlockenden Volks! — Rief es nicht zuerst deinen Namen? — Aber was macht der Zemann Giwon neben dir? — Wie kömmt er zum Freudengeschrei? —

Libussa. Das ist mir selbst ein Räthsel.

Fünfte Szene.

Die Vorigen. Wlasta.

Wlasta.

Der tapfre Zemann Giwoy trägt auf seinem Rücken ein wildes Schwein, und will es lebendig oder todt seiner Fürstinn zu Füssen legen.

Libussa. Was fällt dem Manne ein? — will er mich von dem Eberzahn tödten lassen? — —

Wlasta. Nein, gestrenge Fürstinn! er bringt es als ein Opfer dar!

Libussa. Der Tollkopf!

Wlasta. Er hälts mit beiden Händen bei seinen Ohren so fest, daß es sich nicht regen kann! — Befiehlst du, so will ers an den Fels schleudern vor deinen Augen und zerschmettern!

Kassa.

Kassa. Der Mann hat eine Riesenstärke!

Tetka. Den muß ich doch auch sehen,

(alle drei Schwestern eilen ans offne Fenster und sehen herab.)

Libussa. So was erlebt' ich noch nie; ein sicherer Beweis seiner Tapferkeit, und ein eben so grosser seiner Zuneigung für mich. (Für sich.) O, die Männer fangen an mir — und ich ihnen gefährlich zu werden! — Jene wagen Leib und Leben dran mir zu gefallen — und ich — kann so vielem Muthe nicht gleichgültig zusehen — kann ihn nicht lohnen nach Würden und Verdienst!

Kassa. Das ist mir ein Mann, aller Achtung werth!

Libussa. Ich will ihn auch lohnen baß seiner Tapferkeit wegen.

Kassa. Nein, ein solcher Mann verdienet uns näher anzugehen, — und so du mirs vergönnst, schenk' ich ihm meine Hand.

Libussa. Sie ist ja dein, und Siwoy wird seiner Fürstinn Schwester doch nicht ausschlagen? (Ruft zum Fenster hinaus.) Tapfrer Siwoy, schmettere deine Bürde auf den Fels, und komm herauf den Lohn deiner Tapferkeit zu empfah'n!

(Man hört ein Jauchzen und Jubelgetön.)

Das Volk (ruft laut.) Lange lebe Libussa unsre Fürstinn und Frau! — Lange lebe Siwoy unser tapfre Freund!

Tetka. Ach, laß mich wegwenden mein Gesicht von dem Schmerzensanblick! —

Kassa. Ists ja nur ein wildes Schwein, das er zerschmetterte! — Wie es sich in tausend und wieder tausend Verzuckungen kreischend aufzurichten bemüht — und wieder darnieder sinkt, bis ihm das Leben entgeht! — Ha! der Trieb der allmächtigen Natur, wie wunderbar, wie kräftig er in jedem lebenden Dinge wirkt! — Ein Bild des Nachdenkens werth.

Sechs-

Sechste Szene.

Die Vorigen und Giwoy.

Libussa.

Tritt näher, edler Zemann, tritt näher ohne Scheu! — Ich ehre Tapferkeit — und weis sie zu lohnen.

Giwoy. Meine Frau und Fürstinn! erhebe das wenige, das dein Knecht dir zur Ehre that, nicht so hoch. — Warum sollt' ich mich denn von dieser wilden Bestie anpacken lassen, da mir die Götter selbst so viel Kraft verliehen — sie muthig anzupacken — und ihren mörderischen Rüssel an dem Fels zu zertrümmern? — Was ich that, war Pflicht der Selbsterhaltung — und ein Beweis, daß ich jedes Ungeheuer eben so anpacken und zerschmettern würde, das es wagen wollte deine Heiligkeit anzutasten.

Libussa.

Libussa. Dies Geständniß kann der Fürst nicht lohnen, er muß nur staunen — und im stummen Entzücken dem Helden danken. Was forderst du von Libussen, die arm für all dieses ist? —

Giwoy. Was ein ieder treugehorsame Knecht fordern kann, der nichts als seine Schuldigkeit thut.

Libussa. Sehr bescheiden! — Aber ich will dir nun einmal danken, drum sprich! —

Giwoy. Dein freundlich Lächeln dankt mir schon.

Libussa. Nimmst du mit dem Lächeln vorlieb, so — (Kassa ihm zuführend.) Laß dir hier auch danken!

Giwoy. Wie, gestrenge Fürstinn? — ich?

Libussa. Nicht anders, Kassa soll dir lächeln, so lang, und so oft du willst! — Bist du es zufrieden?

Giwoy. (erstaunt.) Ich — weis nicht —

Libussa. Du weißt es nicht? — Geh, geh, gute Kassa, und lächle ihn zur Probe einmal an! — Laß sehn, ob er sich in dein Lächeln nicht verlieben wird? —

Giwoy. Dein Scherz — Libussa —

Libussa. Nun, würdiger kann ich dir nicht danken — —

Kassa. Willst du mich und meine Hand verschmähn?

Giwoy. (sie mit Lebhaftigkeit umfassend.) Ich dich? — deine Hand? — O dieser Ehre, dieses Glücks hab' ich mich nicht versehn! — Göttliche Kassa! — So kann nur Libussa danken! — —

Libussa. Schweife nicht aus, mein Schwäher! ich ehre dich — du machst Kassa'n glücklich, wenn du sie so innig liebst, als es ihr sanfter Karakter verdient! — (sie umarmet beide.) Ich freue mich zu eurer Zufriedenheit beigetragen zu haben!

Kassa. Göttliche Schwester!

Libussa. Laß uns in den Hain wallen, und am rauchenden Opferaltar eure Verlobung feierlich begehen! (Libussa, Kassa, Terka und Siwoy gehen ab.)

Siebente Szene.

Wlasta (allein.)

Gewaltige Veränderungen gehen in den Herzen der Schwestern vor — nur meine Gebietherinn bleibt ihrem Sinne treu. O, möchte sie doch nur einen Schritt breit von ihrem Eigensinne weichen, mein armer Damoslaw wäre beglückt; — aber so bleibet sie eingewurzelt und felsenfest, wie der Fels, der aus dem Flusse gewachsen ist — und worauf man dies Schloß gebauet hat.

—Aber

— Aber, — muß es denn gerade Libussa sein, die dich beglücken — und als Gattinn erfreuen soll, stolzer Damosslaw? — Steh' ab von deinem Wahne — und wähle — — doch — — bin ich nicht eitel und thöricht? — — Laß mich selbst von Gedanken auf Abwege leiten — warum sollts Damosslaw weniger, der von jeher auf Abwegen zu wandeln berechtiget zu so sein glaubt? — (Pause.) Wenn er nur seinen Stolz ein wenig mäßigen wollte, wenn er nur einiges Schmeicheln in seine Worte zu legen wüßte, o wie bald ist dann ein Weiberherz bezwungen? — Allein er ist unermäßlich stolz. Schon einigemal ließ er dieses Wesen seiner Seele Libussen sehen, und ich merkte, daß sie darüber staunte. — Aber — was sehe ich? — Der Dreiste erscheinet hier ungefordert? O, wie werd' ich ihn fortbringen? — unter welchem Vorwande beruhigen? — Wenn iezt Libussa käme? —

Achte

Achte Szene.

Damoslaw. Wlasta.

Wlasta.

Du bist sehr dringend — sehr unerwartend, Damoslaw.

Damoslaw. Ich halt' es nicht länger aus ohne Libussa. Sie soll, sie muß mein werden. Rede mir kein Wort wieder! In dieser Nacht ist eine Traumgestalt bei mir gewesen, die mir geheissen hat zu gehen, und um Libussen zu werben.

Wlasta. (Verlegen.) Du hättest die Zeit der Abholung abwarten sollen, wie ich es dir versprach. Libussa ist — iezt im Götterhaine — und wohnt der Hochzeitsfeier Kassas mit dem tapfern Giwoy bei.

Damoslaw. Giwoy und Kassa heirathen? —

Wla-

Wlasta. So eben. Libussa wird nun auch allmählig anfangen dem Männergeschlechte gewogener zu sein, als sie bishero war.

Damoslaw. Hat sie mein Geschlecht denn gehaßt?

Wlasta. (Verwirrt.) Das nicht — sie ehrte es — aber — was sie eigentlich als Weib dafür empfinden sollte — — fehlte ihr — — fehlet noch. — Die Götter haben dir im Traumgesicht dein Glück veroffenbaret, deß freuest du dich baß; höre aber auch, was sie dir durch den Mund ihrer Dienerinn berichten und kund machen lassen; deßwegen verachte eine Warnung nicht, die aus meinem Munde kömmt — sie ist dir heilsam — ist dir gut. Du bist ein stolzer Mann, Damoslaw, und du hast Grund es zu sein. Du hast Reichthum und Verstand, kannst glücklich machen ein Weib, und wärs auch eine Fürstinn. Allein bedenke, daß du nicht Fürst bist. Libussa ist nicht stolz, aber sie kennt ihre Würde.

Dämoslaw. Was willst du damit sagen, Wlasta? — Du redest wie eine Pylweise, die mit Doppelzungen spricht.

Wlasta. Vernimm also! — Wenn du deinen Stolz gegen Libussa blicken lassest, Wladike, so wird sie dich mit Augen des Mißfallen betrachten, und ich wähne: um eine Jungfrau zur Frau zu begehren, müsse man sich erst ihr Wohlgefallen erwerben. Folge mir also, suche ihr, da du einmal hier bist, irgendwo zu begegnen, wenn sie aus dem Haine tritt, berichte ihr diese oder jene gute Veränderung in deinem Hauswesen. Frage sie darinn um Rath. Das wird sie ergözzen. Sie wird gesprächig werden. Dann muß du ihren Verstand und ihre Kenntnisse loben, von diesen gehst du über zu ihrer körperlichen Schönheit, rühmest sie, und sagst, es müsse die gröste Glückseligkeit sein sie zu besizzen. Aus ihrer Antwort wirst du hören, wie das übrige einzuleiten ist, da kannst du denn die Brunst deines Herzens ihr

wis-

wissend machen, und weiter wirds sich schon geben. Willst du das?

Damoslaw. Will schon, will schon. Ich bin nur erfreut, daß die Sache einmal so weit ist. Der Verstand müßte ihr stille stehn, wenn sie mich ausschlüge. Toll müßte sie wenigstens sein.

Wlasta. Ja, du weißt noch nicht, wie 's mit dem Verstand der Weiber beschaffen ist. Eitelkeit ist der Standpunkt auf dem sie alles verlieren. Frag die gemeinste Böheiminn um etwas, was sie als Weib betrifft, und sie wird dir eine Antwort senden, die dich das lehrt. Nun, gehab' dich wohl, Damoslaw, ich muß meiner Gebietherinn nach, und wenn du Libussen hier erwartest, so erwähne meiner nicht. Uibrigens befolge meinen freundschaftlichen Rath! — (Geht ab.)

Neun

Neunte Szene.

Damoslaw. (allein.)

Will schon, will schon! — — (Pause.) Ich soll mich bücken vor dieser Libussa? — vor einem Weibe, das keinen weitern Vorzug vor mir hat, als daß es die Tochter eines Fürsten ist, der das war, was ich bin, der nur unter Meinesgleichen gewählet wurde? — Warum wählte man mich nicht, der besser regiern wollte, als dieses Weib? — mich, der ich der erste bin unter allen Grossen im Lande, mich, der ich am reichsten unter allen Wladiken bin, mich, den alle Wladiken ehren, und gern sich meinen Befehlen unterworfen hätten? — (Pause.) Ich soll bitten diese Libussa, daß sie ihren fürstlichen Stuhl mit mir theile? — den Stuhl, den sie nicht behalten kann, wenn ich ihr nicht treu bleibe? — Was kostete es mir, abfällig zu machen die Größten im Lande, unter einen Hut zu bringen die

Män-

Männer, daß sie sich nicht von einem Weibe beherrschen liessen? — (Pause.) Aber — das war ja der Rath, den Wlasta mir einst gab, der Rath, den ich verwarf? — Jezt bringt sie einen andern. Wohlan, wir wollens versuchen! Wir wollen sehen, was in Güte von Libussen wird zu erlangen sein. Geht das, gut — wo nicht, so nehmen wir Gewalt zu Hilfe. Damoslaw muß Regent von Böheim werden, und niemand anders! Aber ich will — ja aus Liebe zu Libussen, weil sie ein so schönes Weib ist, will ich mich mässigen. Ich will ihr meine Neigung antragen, ich will sie bitten, mir Gehör zu geben; allein sie soll mir auch Gehör geben, soll es, und sollte ich darüber untergehen!

Zehnte Szene.

Rozhon. Damoslaw.

Rozhon.

Du hier, Damoslaw? — was will dein überlautes Selbstgespräch bereiten? — Unvorsichtiger! — du vergissest leicht, wo du bist! — Was hast du vor? —

Damoslaw. Träumereien, Rozhon; — Doch was suchst du hier?

Rozhon. Ich will zu Libussen, und mich mit Ernst über Milowecz beschweren, der sich nun mit Siwoy und Přemisl aus allen Kräften meiner Macht widersezzt.

Damoslaw. Mit Milowecz und Přemisl wärs leicht aufzunehmen, aber hüte dich vor Siwoy; er hat sich durch sein Abentheuer mit dem wilden Schweine zu sehr in die Gunst der Fürstinn gesezzt.

Roz-

Rozhon. Nicht möglich?

Damoslaw. Was ich dir sage. Er ist ihr Schwestermann geworden.

Rozhon. Dadurch?

Damoslaw. Anders weis ichs nicht.

Rozhon. Das wär' ia verflucht! —

Damoslaw. Drum also, was willst du dem Weibe dich unterwerfen zum Urtheil? denn so Milowecz im Besizz des strittigen Reines ist, wird sie ihm nicht daraus vertreiben. Sage mir, Wladik, kennst du einen unter uns, der reicher wäre, denn ich — einen, dem ihr lieber Libussens Hand gönnen möchtet?

Rozhon. Keinen, — du bist ihrer werth. Was soll aber das iezt?

Damoslaw. Ich bin hier, um sie um ihre Hand anzusprechen. Halt innen mit deinem Anbringen, bis sie sich erkläret hat. Sagt sie mir diese Hand zu, wohl, denn habe ich drein zu reden, und du hast deinen Rein gewiß. Versagt sie mir sie, so lassen wir urtheilen über euch, diesen weiblichen Fürsten, und spricht sie dir Unrecht, so wollen wir weidlich sie beschimpfen, so, daß sie sichs wohl soll vergehen lassen, ferner Alleinherrscherinn über Böheimer Land sein zu wollen.

Rozhon. So ists recht, demüthigen müssen wir sie, die Stolze! — Ich laure lange schon auf Gelegenheit es schicklich thun zu können. Ich bin reich und mächtig — hab des Silbers satt — und auch der Freunde, die mich willig unterstützen. Sie soll mich nicht mehr so lange von ihrer Höhe anschau'n, mir nicht mehr Andere vorziehen, die minder sind, als ich, wie sies bisher gethan! Ich folge dir, Damoslaw, und wünsche dir zu deinem Vorhaben Glück! Zu Hause will ich dein erwarten, kehre bald froh und glücklich wieder! —

Damo-

Damoslaw. Ich will — — doch — man kömmt! — Siehst du den Hochzeitszug sich nahn? — Fort! — ich kann unter diesen lästigen Zeugen nicht Libussen sprechen! — Ihr Hohn ist mir unerträglich, und ihre Gebährden würden mich nur zum Zorne reizen! — Ich will dich den Fels herab, bis an den Fluß geleiten. — Komm, komm! (Sie gehen ab.)

Eilfte Szene.

Wlasta. (allein.)

(Kömmt eilig und sieht sich allenthalben um.)

Gut, daß er fort ist! — In tausend Aengsten war ich schon! — Wie sich meine Gebietherinn so wundervoll gebährdet hatte bei der Trauungsfeier Kassas? — Wahrlich, sie scheint mir verändert — scheint

mir

mir Gefühl für dergleichen Handlung — Verlangen sogar darnach zu haben. — Dies wär' ein heiterer Tag dafür Damoslar, — ein mächtiger Trieb der Anwerbung! Sie kömmt! — Ob denn das Horchen, nicht näher zum Zweck führen möchte? —

(Sie tritt auf die Seite.)

Zwölfte Szene.

Libussa. Wlasta (verborgen.)

Libussa.

Wie mich der Anblick dieser Feierlichkeit so ganz hinriß? — Ach, Przemisl! — Eine solche Mannsgestalt, als die deine, war mir noch nicht vorgekommen!

Wlasta (für sich.) Sie spricht mir zu leise — ich kann in der Ferne kein Wort verstehen! — (Sie stellt sich einig Schritte weit hinter Libussen, und lauscht.)

Libussa. Sein Bild hat mich seit dem nicht wieder verlassen — verläßt mich noch nicht! —

Wlasta. Gewiß spricht sie vom Damoslaw?

Libussa. Umsonst sträub' ich mich — diesem Reiz zu wiedrstehen, er ist allmächtig — und füllt meine ganze Seele!

Wlasta. Jezt ists sicher!

Libussa. Sind wir denn dazu geboren, von Männern überwunden zu werden? — Kann denn nicht eine ihren Reizungen, ihrer Gestalt widerstehen? — Ist der Weg nicht zu vermeiden, um ihretwillen zu leiden?

Wlasta. Das klingt, wies klingen soll.

Libussa. Aber nein, fest ist mein Gelübde; so lang man es nicht von mir begehr, werd ich keinem Manne zu Theil.

Wla=

Wlasta. Ists um diese Zeit? —

Libussa. Wenn mans aber von mir begehren sollte, werd' ich dann diesen Zemann wählen?

Wlasta. Zemann? — Gewiß hat sie sich versprochen? —

Libussa. Wird dann die Leidenschaft den Sieg über mich behalten? — Hat er auch wohl eine Absicht gehabt, als er mir die Geschichte seiner Prophezeiung erzählte? — Doch nein, sein ehrliches offenes Gesicht läßt das nicht zu. Auch habe ich keinen Eindruck auf ihn gemacht.

Wlasta. Mehr als du glaubst, Bescheidene!

Libussa. Er wurde nicht verlegen, wie ich es wurde, da ich ihn sah; wie ich es noch mehr wurde, da seine Hand in die meinige Feuer goß, was bis zum Herzen brannte: wie ich heiter wurde, da er sich als nichtbeweibt erklärte, blieb er in seiner gewöhnlichen kalten Gleichgültigkeit.

Wlasta. Der unempfindliche Klozz! — gewiß wird er ihr iezt aufgelauert haben! — Nichts kann ich aus dem Manne ziehn!

Libussa. Ich will ihn vergessen — ihm entsagen. — Ihm entsagen? Hab' ich ihm denn schon etwas zugesagt? — Ja, mein Herz hat in mir für ihn gesprochen, wenn schon mein Mund des Herzens Rede nicht nachsprach. Aber auch dieses soll aufhören zu reden!

Wlasta. Das wünsch' ich nicht. (Naht sich ihr ehrfurchtsvoll und küßt den Saum ihres Kleides.) Meine Frau und Fürstinn! Willst du mir wohl erlauben, ein Wort zu deiner niedergeschlagenen Seele zu sprechen?

Libussa. Sprich, Wlasta! — Wirklich drückt meine Seele ein Kummer, der mir viel Sorgen macht; allein ihn iemanden zu entdecken, vermag ich nicht. Ich habe den Geist meines Vaters Kroks gebeten

mir

mir zu erscheinen, und mich zu belehren in dem, was ich thun oder lassen soll, allein umsonst. Meinen goldnen Frosch *) hab' ich zehnmal schon vor mir gehabt, stundenlang mich der Betrachtung vor ihm geweiht, und zum erstenmale hat dieser auch mich verlassen. Sonst begeistert er mich immer, zeigt mir glückliche oder unglückliche Bilder der Zukunft, nach denen ich dann meine Handlungen ordnete. Jezt schweigt er ganz. Durchs Dunkel, welches meine Seele umgiebt, schwebt auch nicht ein lichtes Bild auf, aus welchem ich der Götter Ruf oder Willen erblicken könnte. Auch ists, als ob ihre Gnade seit dieser Zeit von mir gewichen wäre, denn meine Gedanken stehen still, und wenn ich ein Urtheil fällen soll, muß ich oft mich ermannen, wie aus einem tiefen Traume.

Wla=

---

*) Sie hatte eine so grosse Vorliebe für diese Thiere, daß sie sich einen vom Golde machen lies, und ihm zum Hausgözzen machte.

Wlasta. Ach, meine theuerste Fürstinn, könnte ich mit meinem wenigen Verstande dir dienen, könnte ich von der schrecklichen Last, die dich plagt, nur einige Theilchen dir abnehmen, wie froh wollt' ich sein. Aber eine schwache Dienerinn, wie ich, der die Götter sich nie offenbaret, die nie weiter gekommen ist, als zu dem, was du selbst sie lehren wolltest, vermag nicht deiner Weisheit etwas vorzuthun. Doch, Libussa, du hast mir einmal selbst gesagt, die Götter hätten verschiedene Gaben auch verschieden ausgetheilt.

Libussa. Das hab' ich.

Wlasta. Du hast mir einmal gesagt, es sei diesem Menschen das, dem andern ienes vorzugsweise gegeben, und mancher denke mit seinen Gedanken dahin, wohin ein anderer nicht gelangen könne. Ich habe mir das so oft überdacht, ob denn nicht wohl manches, was ihr unternehmet, mehr Männerarbeit sei, und ob, da du oft abwesend sein mußt, um deinen innern

Trü-

Trieben gemäß zu forschen der Erde Inhalt, die Länge deines Lands, obs da nicht zu viel dir würde, bei deiner Rückkunft, all die Dinge zu schlichten, die indessen vorgefallen unter deinem Volke, ob du nicht bas und bieder handeltest, wenn du einen Mann sezztest, der, nur mit deiner Genehmigung versteht sichs, der Männer Streitigkeiten schlichtete, oder wenigstens doch sie anhörte, da dabei doch manches vorkömmt, was eines Weibes Ohren wahrlich kein angenehmes Ding sein kann.

Libussa. Allerdings, meine Wlasta, hast du darin Recht, daß es beschwerlich ist für ein Weib, mit Männern sich zu streiten, und Männerzank zu schlichten, da besonders dieses Geschlecht den Glauben nicht verläßt, als habe es vor dem unsrigen Vorzüge. Und wahrlich, so ich eines Mannes Wesen betrachte, scheint es mir selbst, als ob in ihnen eine Festigkeit läge, die wir Weiber nicht haben können; denn

wenn

wenn ich eine Schwäche schon ungern gestehe, so fehlts mir doch nicht an der Aufrichtigkeit, die des Menschen Sinn zieret.

Wlasta. (für sich.) Husch, den Mantel nach dem Wind gedreht! — (Laut.) O, das Männergeschlecht ist das edelste! — ganz gemacht uns zu beglücken! — Es wacht für unser Glück, sorgt für unsre Bequemlichkeit, bereitet uns tausend schöne Freuden, liebet uns —

Libussa. Nein — lobe mir sie nicht so sehr die Männer! Mein Herz soll nicht wankend werden, und der Schwäche nachgeben, die in mir auflodert, und die Stärke zu Boden drückt!

Wlasta. (mit innig frohem Sinn.) Meine Gebietherinn! — Die Götter werden noch alles gut machen! — Deine Regungen kommen von ihnen. (Legt ihre Hand auf Libussens Herz.) — ich hoffe: daß es bald ruhiger schlagen wird. (Geht eilends ab.)

Libu-

Libussa. (ihr nachsehend.) Was will die Närrinn damit sagen? — Arme Dirne, du betrügest dich in deinem Gedanken! — Wer nahet sich so kühn meinem Gemache?

Dreizehnte Szene.

Damoslaw. und Libussa.

Libussa.

Willkommen, edler Wladik! — Was bringt dich zu mir? Worinn kann dir Libussa dienen?

Damoslaw. Nur zu gerecht, Fürstinn, bist du genannt des Landes Mutter. Du beförderst, daß alles genährt und erhalten werde. Dein Auge blickt allenthalben umher. Nur ich bin so unglücklich, deiner

Auf-

Aufmerksamkeit nicht werth zu sein, denn noch genoß ich das Glück nicht, meine gestrenge Fürstinn in meinem Eigenthum zu sehen.

Libussa. Vergieb mir, Damoslaw, allein bedenke auch, daß die Reichen und Ordentlichen meiner Aufsicht nicht bedürfen. Arme, und die nicht mit dem Ihrigen umzugehen wissen, haben nähere Ansprüche auf meine Obhut.

Damoslaw. Als ob reich und ordentlich sein das Glück der Menschen festsezzte? Nein, theuere Libussa, manchem fehlt es im Herzen, und da fehlt oft mehr, als wo Mangel uns drückt.

Libussa. Kann sein; — aber (lächelnd.) für diese Wunden könnte ich doch nicht immer Heilmittel finden. Wie stehts um deine Viehzucht, Wladik?

Damoslaw. O, um diese stehts treflich wohl. Ich nenne vierhundert Stück des gesündesten

sten Rindviehs mein: und ich will den sehen, der dessen mehr aufzuweisen hätte, denn ich. Meine Stallungen sind zu klein worden für meinen Vorrath, und ich muß Libussen um die Erlaubniß bitten, noch ein Dorf anzulegen, und Diener und Mägde mehr in Sold nehmen zu dürfen.

Libussa. Thu das, Wladik! alles was die Verschönerung meines Landes befördert, laß ich nicht allein gerne zu, sondern ich befehle es sogar. Nimm Holz aus meinen Wäldern, wenn du dessen nicht stammhaft genug hast. Bestelle meiner Arbeiter so viel du deren bedürfest, wenn es dir an Händen fehlt das Werk zu vollbringen. Bedürfst du Gold oder Silber? Ich will meine Schäzze öffnen, und dir mittheilen.

Damoslaw. Und glaubst du Libussa, daß Damoslaw Wladike in Böheim, sich dir nähern werde, um Gold und Silber von dir zu erbetteln? — Nein, den Göttern sei Dank, ich habe dessen noch genug, und

mir

mir fehlet nichts, als daß ich keinen Herr! nennen müßte.

Libussa. Stolzer Mann! Wenn dich mein Anerbiethen beleidigt, so muß ich dich wohl — um Verzeihung bitten, daß ich so ganz von Herzen mit dir red'te? —

Damoslaw. Nein, Libussa, aber mich übermannte ein inneres Gefühl von Grösse. — Ach, Fürstinn, du könntest mich zum glücklichsten Menschen machen, wenn du sonst wolltest.

Libussa. Wenns in meinen Kräften steht, müßte ich es nicht?

Damoslaw. Es steht in deinen Kräften. — Tochter des edlen Kroks! diese deine Augen hatten mich schon verwundet, ehe noch dein Vater starb. Diese schneeweiße Hand sah ich schon damals mit dem warmen Wunsche an, möchte sie doch dein sein! — O hätte ich meinen Mund aufgethan damals, dein Vater hätte dich mir nicht versagt.

Li-

Libussa. (Mit Würde.) Krok lies seinen Töchtern völlige Freiheit.

Damoslaw. (verwirrt.) Auch würde ichs nie gethan haben, ohne — deine Meinung erst erforscht zu haben. — Libussa — solltest du anders denken, als du da dachtest?

Libussa. Nein, Wladik, nicht um den Gedanken eines Gedankens anders.

Damoslaw. Wohlan! Wenn ich damals gekommen wäre, da noch kein Fürstenthron dich groß machte, und hätte gesagt: ich habe vierhundert Stück Rindvieh, und der kleinen Heerde unzählig. Ich besizze Gold und Silber, soviel dein Vergnügen dessen bedarf. Gieb mir diese Hand, diese liebe Hand. Libussa! du hättest nicht nein dazu gesagt?

Libussa. Ich hätte mich damals so wenig verkauft, als iezt, Wladik. Ich war nie für Gold und Güter feil.

Da-

Damoslaw. (Mit Verwirrung und sichtbar unterdrücktem Zorne.) Ich — mein' es — nicht so, Libussa. Du mußt nicht ein jedes Wort abwiegen in deinem Sinn. — Ich bin nicht in den Geheimnissen der — Weisheit erzogen — wie du, — und vermag nicht zu bestimmen den Ausdruck, der dir — wohlgefallen würde. Ich trage dir bieder und offen meine Hand und meine Haabe an. Ich poche nicht auf die lezte. Aber — mißfällt dir die erste, so halte mich nicht auf; nur bitte ich dich, mir dann zu sagen, warum sie dir nicht ansteht?

Libussa. Wladik! ich könnte dir zur Antwort geben, daß es nicht gut ist, einen Herrn über sich zu erkennen, außer die Götter. Das ist ein Mangel über den du klagst. Wäre dir das Loos geworden Herr und Fürst zu sein, — würdest du es theilen mögen? Auch ich liebe mein Schicksal, — und — will mich nicht zur Sklavinn eines Mannes machen, da ich Herr sein kann. Allein ich denke nicht so. Der

Bescheid, den ich dir ertheile, ist dieser: Libussa wird nie einem Manne zu Theil, so lange das Volk mit ihrer Regierung zufrieden ist.

Damoslaw. Das ist also deine entscheidende Antwort, Libussa?

Libussa. (Fest.) Meine entscheidende Antwort. Du hast keine andere zu erwarten.

Damoslaw. Und wenn nun das Volk unzufrieden würde, und verlangte von dir — du solltest wählen? — würdest du dann, Libussa, den nehmen, der dich liebt — — deinen ergebenen Damoslaw? —

Libussa. Wladik! — Urtheile selbst, ob ich dir hierauf antworten kann. Ich hoffe, daß mein Volk nie mit mir unzufrieden sein wird, also hoffe ich auch nie in den Fall zu gerathen, einen Mann nehmen zu müssen. Du aber sagst, du liebest mich. Die Liebe unternimmt thörichte Dinge. —

So

So ich deiner Leidenschaft aber schmeicheln wollte, so würde ich dir Gelegenheit geben, mein Volk gegen mich aufzuwiegeln, damit deine Leidenschaft befriediget würde. — Verschone mich also, denn so du mein Volk aufwiegelst, könnt' ich dir meine Hand nicht geben, und so du mein Volk nicht aufwiegelst, wird es nie murren, folglich würdest du sie auch nicht erhalten.

Damoslaw. (auffahrend.) So spielst du mit deinen Wladiken? — So gehst du mit dem um, der alles dir zu Füssen legt? Du willst vom Stolz sprechen, und du bist die Stolzeste, die man finden kann. Du willst herrschen, und verstehst nicht deine Leidenschaft zu beherrschen? — Wenn ieder Mann aus Böheim käme, und hielte um deine Hand an, und du wolltest ihn so schnöde abweisen, würden da nicht alle Männer dir feind werden? O du schwaches Geschöpf!

Libussa. (Mit Maiestät.) Halt inne, Damoslaw, und vergißt die Ehrfurcht nicht, die du deiner Fürstinn schuldig bist. Wisse, daß ich vielleicht Manchem in Böheim sagen würde: Ich nähme dich gern zum Manne, und es wehet mir, daß ichs nicht kann, und so würde ich doch der Freunde behalten. — Aber du bist ein ungestümmer Mann, unter dessen Herrschaft die Boiohemen zittern würden. Wisse also, nie kannst du der Meinige werden!

Damoslaw. (Trozzig.) So gehab' dich wohl, und hiermit kündige ich dir Widerstand an, in allem was du thust. — — Mein Mund soll gegen dich reden, mein Kopf gegen dich denken, meine Kräfte sollen gegen dich handeln. Ich will dir thun, wie du gegen mich gethan hast. — — Ich will dich verachten.

Libussa. Ich verachtete dich nicht, da ich deine Hand ausschlug. Die Götter sind Zeugen zwischen mir und dir Damoslaw. Ich beleidigte dich nicht. Ich will dir wohl, wenn du ein edler Boie sein willst.

Ver-

Vergiß meine Hand. Suche dir ein Weib, ich will sie ausstatten, wie eine Fürstinn, und du wirst glücklicher leben können, als ein Fürst, dessen Sorgen du noch nicht kennest.

Damoslaw. Spotte meiner nur. Ich schwör's dir bei den Göttern, Damoslaw wird sich rächen.

(Stürzt ungestümm hinaus.)

Libussa. Und den Rasenden sollt' ich zum Herrscher des friedlichen Volkes machen? — — Nimmermehr! — Eher wünsch' ich mir den Tod!

(Geht ab.)

Ende des dritten Akts.

Vierter Akt.

Erste Szene.

(Ein Gebüsch unterm Schloß Psary.)

Przemisl, Giwoy, Przedslaw, Mikowecz.

Giwoy.

Deine Klage ist gerecht, — Libussa richtet nach Gerechtigkeit — folglich ist dir meine Empfehlung, überflüßig! — Libussa wird dir so gewiß Recht sprechen, als sie göttlicher Weisheit und Tugend voll ist! — brauchst du aber — wenn dich der böse Rozhon und sein Anhang dennoch drücken sollte — meinen Arm — nun so komm ungescheut, wie ehedem zu mir, sieh nicht darauf, daß ich eine Fürstentochter im

Arm

Arm habe und einer großen Fürstinn Schwäher bin. Dieser Grad von Hoheit, den mir das Ungefähr erbaute, soll mich nicht stolz machen können, soll dem Freunde mein Ohr nicht verschliessen, wenn er über Bedrückung klagt. Mein vergänglicher Glanz soll keinem der Nothleidenden blenden seine Klage in meinem Schoos auszuschütten. Ich will trozz allem nicht vergessen, daß ich Mensch — und verbunden bin für das Wohl der Menschheit Blut und Gut zu opfern! —

Przemisl. Ja mein Rath ist es auch, Milowecz, daß du klagst; denn sich selbst das Recht nehmen zu wollen — mit gewafneter Hand es zu suchen — ist schon unedel — sündhaft, und verliert der Gehorsam dabei, den man dem Oberhaupte schuldig ist.

Milowecz. Ja, Vater, so wollen wirs machen. Der Rath unsrer Freunde ist gut, ihn wollen wir befolgen.

Przedslaw. Ja, Sohn, wir wollen das thun!

Przemisl. Ich bin mit meinen Knechten zu deinem Schuzze hieher gekommen; du wirst aber dessen nicht bedürfen, da dich deine gute Sache — und Libussens Gerechtigkeit schüzzt.

Milowecz. Das ist freilich ein guter Trost; wenn aber Bosheit über die gute Sache, Aufruhr über Libussens Gerechtig siegt; ich darniedergetreten, die Fürstinn gekränkt hilflos seufzen — euren Beistand sehnsuchtsvoll — und vielleicht schon zu spät — entgegen harren? — Wie da, Przemisl? — Wie da tapferer Giwoy? — —

Przemisl. Rozhon hat was Böses im Sinne, das ist gewiß! —

Przedslaw. Umsonst hat er seine Bundsgenossen nicht in sein Eigenthum berufen — umsonst sie nicht mit Gastfreundlichkeit überschüttet.

Giwoy. Ach, was wollen die Schwachköpfe? — Laßt sie! — Sie werden sich am Meth und Birkensaft voll saufen — und dann wieder nach Hause gehn —

Przemisl. So leicht nehm' ich die Sache nicht an. Die Mißvergnügten spinnen ungeheure Dinge an, die blutend Schrecken und Verwüstung im Augenblicke der Verschlafung bereiten können. Läßt uns dahero für das allgemeine Wohl des Vaterlandes wachsam sein. Ich biethe mich mit meinen Knechten zu Libussa's Schuzze an. Hier will ich mich lagern, und das Schloß, welches des Landes Stolz und Schazz verwahrt, soll meines schärfsten Augenmerks würdigster Gegenstand sein! Wer sich an diesem Heiligthume versündigt, hat es mit mir — und meinem tapfern Anhange zu thun! — Und mein Leben im Kampfe für die Ruh Libussa's — für ihre Erhaltung verloren — soll mir das Süsseste in dieser Welt sein!

Stiwoy. Sei du hier Wächter, Przemisl, du thust wohl daran. Ich für meinen

Theil

Theil will mit meinen zwanzig Knechten im Walde herum irren — und diesen Bären auflauern. Kömmt mir dann nur einer in den Wurf! — Auffacken will ich ihn, wie das wilde Schwein, das ich an jenem Fels zerschmetterte, — vor Libussa's Füsse schleppen — ihm die Gedärme aus dem Wanste reissen — den Hunden vorwerfen zum eklen Fraß, daß dies aufrührische Ungeheuer seine schwarze Seele darüber ausspeit!

Przemisl. Geht, Freunde, nach eurem Dorfe wieder — und beobachtet die Herzen eurer bösen Nachbarn aufs genaueste. — Braucht ihr unsern Arm — so winket nur — und wir erscheinen.

Giwoy. Wir erscheinen euch mächtig beizustehn! Geht also heim!

Przedslaw. Wohl uns, wenn nicht schon der Schwarm unsre Felder verwüstet — unsre Heerden geschlachtet hat!

Milo-

Milowecz. Lebt wohl, meine Freunde! — Möchtet ihr doch ganz dem Wohl Libussens euer Dasein widmen — — und ich euers Arms nicht bedürfen!

(Geht mit Przedslaw ab.)

Zweite Szene.

Przemisl. Giwoy.

Przemisl.

Ich sähe es gern, wenn du Libussen auf unangenehme Auftritte vorbereiten wolltest, daß sie bei ihrer Entstehung ihr zartes Gefühl nicht so mörderisch zerreissen könnten!

Giwoy. Glaubst du also mit Grunde, daß sich Unruhe entspinne?

Przemisl. Es ist nichts sicherer als dies, denn die Gesichter der Wladiken Damoslaws und Rozhons sind gewaltig entstellt — und glühen für Zorn, Mißgunst, Haß, Neid und Wuth! — Eile guter Giwoy! eile zu Libussen!

Giwoy. Je das kann ich ja leicht. Besser ists auf alle Fälle, wenn man seinen Feind in ruhiger Stellung erwartet, als wenn er uns mit seiner übergrossen Macht in den Nacken kömmt! Nun, nun, ich wills schon machen, daß das Unheil nicht groß werden kann! (Geht ab.)

Przemisl. Und ich will meine Knechte hier im Gebüsch versammeln, daß sie wachsam sind!

(Geht ins Gebüsch.)

Dritte Szene.

Rozhon (allein.)

Ha! dort schleicht Przemisl hin! — Guter Tropf, verkrieche dich immerhin — ich hab' dich doch gesehn, und will dich aufjagen aus deinem Lager, wie den Fuchs, der mir die Hühner stahl! — Du sollst zu deinem Verderben nach Kuchel — zu deinem Untergange gen Psary gekommen sein! — Wie will ich mir dein schönes Eigenthum gefallen, die fette Heerde wohlbehagen lassen. die du verlassen wirst! — Ha, Damoslaw!

Vierte Szene.

Damoslaw. Rozhon.

Rozhon.

Wie so hastig — und verstört? — Was gilts, du hast einen Korb erhalten? —

Ja, die Stolze wird wohl einen, wie wir, neben sich kommen lassen.

Damoslaw. Ich koche Wuth und Rache. Mann hat mich abgewiesen, aber ihr Regiment soll am längsten gedauert haben! — Nimmt sie meine Hand nicht, so soll sie über Böheim nicht herrschen!

Rozhon. Das ist recht, daß es so gekommen! — Das hab' ich gewünscht! — — Das freut mich!

Damoslaw. Daß man mich kränkt und geringachtet, freuet dich? —

Rozhon. Herzinniglich!

Damoslaw. Bist du wider mich? — — Fürchte meinen Zorn! —

Rozhon. Nicht wider dich, Damoslaw! Freue dich mit mir! — — Hätte Libussa freiwillig ihre Hand verschenkt, so wär sie immer Herrinn geblieben; allein zwingt man sie nun, so muß sie auch die Oberherrschaft abgeben.

Damoslaw. Ich verstehe dich ganz. Wahrlich, Rozhon, du bist klüger als ich!

Rozhon. Das sah' ich alles schon vorher — und traf meine guten Anstalten im voraus. Ich hab' eine feine Anzahl Mißvergnügter zusammen gefordert. Sie erwarten nur meinen Wink, um nach dem Schwerdt, nach der Lanze und den Streitkolben zu greifen. — Sie werden dem Weibe ins Fäustchen lachen und ihr sagen, sie sollte des Spinnrockens eingedenk sein.

Damoslaw. Das sollen sie bald! — Dies soll ein herrlich Schauspiel geben für die Welt. Je spizziger ich Libussens Stolz angreifen kann, ie angenehmer soll es mir sein!

Fünfte Szene.

Debron, Sswamanos. Die Vorigen.

Debron.

Nun, Damoslaw, wie stehts mit deinem Geschäfte auf Psary?

Sswamanos. Gut vermuthlich, denn du bist munter — und deine Wangen glühn!

Damoslaw. Für Zorn und Wuth!

Debron. So wärst du ja — ?

Damoslaw. Schändlich zurückgewiesen worden.

Sswamanos. Ei, ei? —

Damoslaw. Beschimpft, entehrt! —

Sswamanos. Da mußt du dich also rächen? —

Damoslaw. Kein andrer Weg bleibt mir übrig!

Debron. Ich leih' dir meinen Arm, und zwanzig Knechte deine Schmach zu rächen fürchterlich! —

Oswamanos. Ich dir meine ganze Macht! — Bestürme diesen Felskopf! dring' in sein Gehirn mit dem Schwerdte ein! — — erkämpfe dir im blutigen Kampf, was man dir zu geben sich spreizet, daß das Blut von dieser stolzen Höhe herabfliesse — und die Moldau röthe! — — Ich räche dich, Wladike — und wer's mit mir halten will, reich' mir seine Hand! —

Debron. (Reicht ihm die Hand.) Ich verpflichte mich!

Rozhon. (Giebt ihm seine Rechte.) Wir verbinden uns Damoslaws Schmach zu rächen, und nicht eher zu ruhn!

Debron. Ja, wir wollen nicht eher ruhn!

Rozhon. Das Volk hätte sollen den Göttern folgen, die Kroken eingesezzt; — und nicht den Töchtern eines Menschen: und wenn denn ja Krok ihnen den Regenten geben müssen, warum nicht lieber die älteren und verständigen gewählt? — Ist nicht Tetka der Liebling der Götter, und Kassa der Liebling der Menschen? — Warum die Leichtfertige gerade zur Fürstinn erkiesen, die da spottet der ersten in ihrem Lande? — Warum sie zur Herrscherinn machen, die unerfahren, und eine Verzogene ihres Vaters ist?

Sechste Szene.

Przemisl mit einigen Knechten. Die Vorigen.

Przemisl.

Das ist ja eine schöne Gesellschaft beisamen? — Nichtswürdige! — Ich hab' euch zugehört, eure bösen Anschläge vernommen! — Aber sie sollen euch nicht gelingen, beim allmächtigen Baal — und bei Libussens Gerechtigkeitsliebe seis geschworen! — Eher will ich einen nach dem andern von euch mit diesem meinen Knüttel zu Boden schlagen, daß er seine ruchlose Seele aushaucht!

Damoslaw. Fallt über den Tollkühnen her — und laßt ihn kosten, wie der Staub von Damoslaws Tritten schmeckt! —

Rozhon. Schlagt ihn zu Boden!

Przemisl (tritt einen Schritt zurück und holt mit seinem Knüttel aus. Seine Knechte umringen die Wladiken und ihren Anhang, und stellen sich zum Kampfe fertig.) Wer des Todes sein will, der wage einen Schritt vorwärts! — Ohne des Beistands meiner Knechte zu bedürfen, donnre ich jeden nieder, daß er des Bewußtseins auf ewig beraubt sein soll! —

Damoslaw. Du wagst viel! —

Prze-

Przemisl. Nichts wage ich gegen Rebellen!

Rozhon. Sind wir das?

Przemisl. Eben ihr!

Danioslaw. Das sollst du uns beweisen!

Przemisl. Das will ich — und keiner kommt hier fort, dem ich nicht in den Barth sage: daß er ein Schurke ist.

Damoslaw. Du erdreistest dich uns —

Przemisl. Wahrheiten zu sagen. Glaub' nicht aufgeblaßner Sünder, daß mich dein tollkühnes Betragen mißmuthig macht. (er packt ihn ziemlich unsanft an.) Sieh, Bube! so will ich dich vor Libussas Füsse schleppen! — — Vor ihr gedemüthiget in dem Staube sollst du deine Schandthaten eingestehen — und den verdienten Lohn dafür empfangen! — Diese rothe Schweinsborsten sollen dir abgeschoren — und du als ein geschändeter, ehrloser Schurke aus dem Lande geiagt werden! (er will ihn mit sich fortschleppen.)

Damoslaw. Rozhon! — Meine Freunde! — Steht mir bei und rächt diesen Schimpf, der euch mit widerfährt! —

Przemisl. (Zu seinen Knechten.) Muthig! Packt sie an! (Die Knechte fallen über sie her. Man streitet — und verliert sich streitend ins Gebüsch.)

Siebente Szene.

(Libussa's Gemach.)

Libussa und Wlasta.

Wlasta.

Das ist ia ein abscheulicher Mensch, der Damoslaw! — Dies hätt' ich ihm nimmermehr zugetraut!

Libussa. Ja wohl. Ich war so heiter, und dieser Unhold hat mir alles verdorben. Ach, ich kann dirs nicht verheelen, welch einen süssen Traum ich gehabt.

Wlasta. Einen süssen Traum?

Libussa. Mein Vater ist bei mir gewesen. Im schönen Schmucke seines Hauptes, im Silberhaar stand er da, und seine Mine lachte die Freude des Anschauens der Götter mir entgegen. „Gräme dich nicht, Libussa, sprach er, daß die Götter sich dir nicht immer offenbaren. Nicht immer ist dirs nüzzlich. Sie werden dich nicht verlassen. Denn, wenn dir es gut ist, werden sie sich dir wieder enthüllen. Gehe deinen Weg fort, ohne zu wanken, und frage nicht, warum sie dieses oder ienes dir begegnen lassen. Sie wollen es so, und das sei dir genug. Du bist ihnen noch angenehm und lieb, des tröste dich." So sprach dieser seelige Geist, lachte mich noch einmal mit voller durchdringender Wonne an, und verschwand. O er hat mich so fest in meinem Vorsazz gemacht.

Wla-

Wlasta. Das war also auch wohl die Ursache, warum du Damoslaw vorher so kurz abfertigtest? — Bei all seiner hölzernen und plumpen Art, ist es doch wahr — daß er dich liebt, Libussa.

Libussa. (VerwunderND.) Wie, Wlasta, du vertheidigest ihn?

Wlasta. Je — nun? — Im Grunde ist er nicht so böse! —

Libussa. Grundböse ist er, daran ist gar kein Zweifel.

Wlasta. Er ist nur Stolz — ein Fehler, den so viele mit ihm gemein haben.

Libussa. Du verwechselst die Dinge, Wlasta! Ein anders ist Stolz, ein anders Dummstolz — und Unverschämtheit. Leztere sind Damoslaws Eigenthum, den ersten kennt er gar nicht. Der Mann ist mir unerträglich! — Wie kannst du mir also zumuthen, daß ich ihn lieben soll?

Wla=

Wlasta. Eben darum — — weil — weil ich ihn selbst liebe.

Libussa. Darum? (lachend.) Gute Dirne! — und wär' dirs dann was nüzze, wenn er mein Mann würde? —

Wlasta. (Geschwind.) O ia, da würdest du nicht mehr dem Spott der Weiber — nicht länger dem Hohn des Männergeschlechts ausgesezzt sein. Damoslaw würde dich lieben, die Weiber verehren, und die Männern bewundern. Unüberschwenglich würdest du da glücklich sein! — Und dein Ruhm, dein Glanz, dein wahres Glück sind mein Augenmerk.

Libussa. Du bist gut, Wlasta, deine Absicht sonder Falsch und Tadel; allein, Damoslaw ist nicht für mich. Heirathe du ihn, und ich will dir so viel Reichthum geben, als es ihm genügen wird.

Wlasta. Ich? — O, das wäre — Nein, fürwahr, meine Fürstinn — ich — —

wie

wie könnt' ich dir deine Gnade je verdanken? — Ich will mich bemühen ihm zu gefallen — und gelingts mir, sein Herz für mich einzunehmen — —

(Man hört einen Lärm.)

Libussa. Was ereignet sich? — Sieh zu, Wlasta! — —

Achte Szene.

Przemisl, (welcher den Damoslaw hereinschleppt.) Die Vorigen.

Przemisl.

Hier, ruchloser Bösewicht, demüthige dich vor der Vortreflichen, die du ehrvergessen herunterseszzen wolltest! — — Küsse den Staub vor ihr!

Libussa.

Libussa. Was heißt das?

Przemisl. Eine Kleinigkeit für ein Bubenstück, gestrenge Fürstinn! — — Ich dachte nicht so bald dir meinen Gegenbesuch auf Psary machen zu müssen! — Wollt' dir gern eine Gabe bringen — und versah' mich dieses Zufalls nicht. Doch ich komme nicht mit leeren Händen! — (Schleudert den Damoslaw hin, daß er vor Libussen auf die Knie fällt.) Hier hab' ich einen Fang gethan! —

Wlasta. O weh, was geht mit dir vor, Wladike?

Przemisl. Seltsame Abentheuer, mitleidsvolle Dirne! — Der Bube hat sich erdreistet mit den Göttern zu rechten — und das Volk wider seine gerechte Fürstinn aufzuwiegeln.

Libussa. Das hast du gethan, Damoslaw?

Damoslaw. (Knirscht für Wuth.)

Prze-

Przemisl. Ich ertappt' ihn über dieser schwarzen That — und meine Knechte verfolgen seine Spießgesellen! Es ist traurig für mich, daß ich dir kein angenehmeres Geschenk — als mit diesem Abschaum der Natur — machen kann!

Libussa. Guter Przemisl! — Mit jedem Tage werd' ich mehr deine Schuldnerinn! — Du giebst mir Beweise deiner redlichsten Treue! — Rechne auf meine Erkenntlichkeit.

Przemisl. Wahre Treu und aufrichtige Unterthanspflicht — sind uneigennützige Schwestern.

Libussa. Großmüthiger! (zu Damoslaw.) Was bewog dich, wider mich dich aufzulehnen?

Damoslaw. Blick zurück! — und du wirst die Antwort finden!

Przemisl. Unwürdiger! — Wenn mich nicht die Heiligkeit des Orts — nicht die Ge-

genwart dieser göttlichen Frau zurück hielte — ich würde — — —

Libussa. Ruhig, guter Przemisl! — (zu Damoslaw.) Deine unselige Leidenschaft — die Sucht nach Grösse — von einer losen Schwäzzerinn angefacht, hat dich irre geführt. Dein vermeintlicher Stolz — ist gekränkt — du suchst Rache an mir zu üben. Solche Sünden, die ein krankes Gemüth erzeugt, straf' ich nicht. Begieb' dich nach deinem Dorfe wieder, — sei vernünftig — und lerne unreine Begierden bezähmen!

Przemisl. Fürstinn! —

Libussa. Ich verzeihe dir! — Und du Przemisl, versprich mir, diese Schwachheit an ihm nie zu rügen!

Przemisl. Aber, göttliche Libussa! — Deine Güte ist hier schädlich, deine Großmuth am unrechten Orte. So du diesen Buben nicht strafest, wird er des Unheils mehr berei-

bereiten, das uns allen fürchterlich werden wird. Sein Anhang ist groß — und —

bussa. Immerhin! Ich bin ein Weib — und will mir den Vorwurf nicht zuziehen, daß ich Thorheit strafe — oder Lächerlichkeiten, als Verbrechen ansehe! Die Versündigungen wider meine Person, wenn sie blos aus Eifersucht kommen — will ich dir vergeben, hüte dich aber Verbrechen wider das allgemeine Wohl des Landes zu begehen! — diese muß ich fürchterlich strafen, weil ich für mein Volk treu zu wachen angelobet habe! — Jezt, mein trauter Zemann! — Folge mir, daß ich dich meinen Schwestern vorstellen kann!

(Geht mit Przemissn ab.)

Neunte Szene.

Wlasta und Damoslaw.

Damoslaw.

Wart, dir will ich noch den Hals brechen, trauter Zemann! — Schrecklich! — Ihm giebt sie Gehör — zollt ihm Bewunderung! — Ein neidenswerther Vorzug wird ihm zum Theile, den ich kaum zu träumen wagen durfte! Aber ihr sollt nicht über mich triumphiren, ihr hämischen Gesichter!

Wlasta. (Für sich.) Nie hätt' ich dies unternehmen sollen, ich Unbesonnene! — Welcher Geringschäzzung hab' ich nicht meine Gebietherinn preis gegeben! — — (Laut.) Mein guter Wladike! — Wie dauerst du mich doch! —

Damoslaw. In der That? (spöttelnd.) Daure ich dich? — Du dauerst mich auch, gutherzige Dirne! — O würdige Rathgebeherinn! Kömmst du nicht wieder vom Göttersizz daher, mir einen Kram voll froher Bothschaft zu bringen? — Ich danke dir für dies schöne Weib und die fürstliche Würde, die ich durch deine weise Offenbarungen erhielt.

Wlasta. Du weißt nicht, Damoslaw, was ich noch für dich in Bereitschaft habe? —

Damoslaw. Eine Schale voll Gifts. Habs all mein Lebtage gehört, daß Weiber von Schlangennatur sein sollen, daß sie von aussen glänzen und locken, von innen aber voll giftigen Blutes sind, daß mit iedem Worte ihnen ein schwarzer Hauch entgeht.

Wlasta. Du verkennst mich ganz. Was ich that, that ich aus Liebe zu dir. Ich war dir immer gut, und wollte dich zudem erheben, Libussens Mann zu werden. Kann ich dafür, daß der Ausgang meinem Unternehmen nicht entsprach? — Glaub mir es, Damoslaw, man lebt glücklicher, wenn man nicht Herrscher ist. Wüßtest du, was

Libussa leidet, du würdest nimmer dir die Last wünschen, die sie trägt.

Damoslaw. So hätte sie solche sich nicht aufladen sollen, wenn sie ihr nicht gewachsen war.

Wlasta. Sie ist von den Göttern bestimmt. Du bist das nicht. Sie hat auch die Götter um deinetwillen befragt, und sie haben geschwiegen. Ist sie nicht eine Dienerinn derselben? — Kann sie wider ihren Willen handeln? —

Damoslaw. (Spöttisch.) Freilich wohl!

Wlasta. Würde dann der Götter Zorn nicht das ganze Volk treffen? — — Hör' also meinen und ihren Vorschlag.

Damoslaw. Ich bin ganz Ohr.
(Streicht sich den Bart.)

Wlasta. Sie bietet mich, ihre erste Vertraute, dir zum Weibe an.

Damo-

Damoslaw. Hm, hm!

Wlasta. Sie giebt mir so viel zum Eigenthum, als du besizzest. — — Wenn du so reich wirst, kann es dir da fehlen glücklich zu sein? —

Damoslaw. So, so! —

Wlasta. Ich bin keine Fürstinn, aber ich bin eine ehrliche Dirne. Ich werde mich befleißigen, dir ein braves Weib zu werden, und werde nichts unterlassen, was dich befriedigen kann.

Damoslaw. (Bricht in ein fürchterliches Gelächter aus.) Ha, des schönen Tausches! Statt der Fürstinn die Sklavinn; statt der Herrinn die Dienerinn; statt der Herzogsmüzze den Hirtenstab. Wahrlich fein ausgedacht! bei allen Göttern listig ersonnen! — „Schaden kann er, da geben wir ihm Wlastan, daß sie ihn immer am Gängelbande führen kann, und er folgen muß wohin wir wollen.“ — O du

Thörinn, Wlasta! Träumst du dich eines Wladiken Weib zu werden? — Gehe hin, thu deinen Küchenschurz an, und warte deiner Herrinn auf! —

Wlasta. Damoslaw! — Was tobest du?

Damoslaw. Oder soll das eine neue Erniedrigung sein, ärger als die erste? — Will man mich schänden, damit alles Volk schlecht von mir rede? — Wartet, ihr Weiber, das soll euch noch theuer werden! Von Damoslaw sollt ihr hören. Der Wladike soll euch zur Geisel werden, den ihr so schnöde verachtet habt!

Wlasta. (Für sich.) Der Bösewicht! — Kaum kann ich mich länger halten für Wuth und Zorn! — (Laut.) Damoslaw, du kannst meiner Ehre keinen Schandfleck anhängen, wenn du schon meinen Stand zu schimpfiren suchst. Wir können nicht immer Herrinnen sein, und eine Dienerinn ist keine Sklavinn. Mein Stand, das Vertrauen, welches Libussa in mich sezzt,

ver-

verdient Achtung. Du giebst mir sie nicht, das rechne ich auf deinen Zorn, der gerecht sein mag in Ansehung deiner, nicht aber in Ansehung meiner. Ich biete mich dir nicht an, weil ich nach keinem Manne jage, denn mein Loos ist so, daß keine Dirne in ganz Böheim sich weigern würde, mit mir zu tauschen. Allein theils hast du wirklich mein Herz verwundet, Damoslaw, und könntest an mir eine Genossinn deines Lebens haben, die dir nicht wenig zugethan sein würde, und theils wünschte ich Ruhe herzustellen, die du — — gestöret hast, Ich sehe dein Unglück vorher, Wladike, und ich mag dich nicht unglücklich wissen. Du kannst nicht gegen Libussens Tugenden bestehen. Du wirst nie den Sieg über sie davon tragen, denn die Götter, die nicht mit dir sind, sind auf ihrer Seite.

Damoslaw. (Entrüstet.) Schweig, Wlasta! — und — (mit Wuth.) so dir dein Leben lieb ist, entferne dich sogleich. Meinst du, Wladiken wären da, um von Libussens

ssens Mägden sich meistern zu lassen? — Die Fürstinn soll, wenn sie Ehrfurcht fordert, achtbarer mit denen umgehen, die sie bei ihrer Würde schüzzen können, als daß sie ihnen Steine für Gold anbietet. Damoslaw freiet kein Geschöpf, das zum Dienen bestimmt ist. Ich verachtete dich lange, und wie kann ich iemanden zum Weibe nehmen, den ich verachte? Ich bediente mich deiner nur, um Eingang bei Libussen zu finden, und hätte ich deiner Gebietherinn Hand erhalten, so hätt' ich dich gleich von ihr getrennt, denn du bist viel zu verschlagen, als daß ich dich um mein Weib dulden könnte. Biete dich auf den Knien an, um die geringste Magd bei meinen Heerden zu werden, und ich stosse dich zurück! —

Wlasta. (ergrimmt.) So ists wahr, daß Männern nicht zu trauen ist? — wahr, daß sie uns für Geschöpfe halten, mit denen sie spielen, — und dann sie mit Füssen treten? — Gut denn! — So entsage

ich

ich hier durch den feierlichsten Schwur diesem Geschlechte. Um Damoslawswillen will ich nie eines Mannes Weib werden! — Noch mehr. Verfolgen ieden, der mir nur das geringste in den Wege legt!!!

Damoslaw. Ha, ha, ha, ha! — Da wird das ganze Geschlecht sich treflich fürchten! —

Wlasta. Und du — der Boshafteste unter ihnen — glaube nicht, daß du mir entrinnen wirst. Hüte dich, das geringste gegen Libussen zu unternehmen. Meine Rache verfolget dich! — Keines Mannes Weib will ich sein, beim unsterblichen Baal! — und alle verfolgen — um der gekränkten Zärtlichkeit willen, so viel ihrer sind! — Mein Blut soll toben in mir — und mit iedem Bulsschlag mein Herz entflammen zur fürchterlichsten Rache wider dich!

(Eilt ab.)

Damoslaw. (Aus vollem Halse lachend.) Hahahaha!

Zehnte Szene.

Damoslaw, Rozhon und Kolo vom Giwoy herein geführt. Ihnen folgt Przedslaw und Milowecz, begleitet von einer Menge Volks.

Giwoy.

Hieher, wenn ihr zu klagen Ursach habt! Hier ist der Ort, wo man euch anhören — und euren Beschwerden nach Umständen der Billigkeit abhelfen wird! — Nicht, daß ihr euch mit geballter Faust euer Recht selbst nehmet! —

Damoslaw. (tobend.) Welche niederträchtige Behandlung! — Geht man so mit Wladiken um?

Giwoy. Du schon hier, Vogel? — An den Schandpfal mit euch, und all den Wladiken von eurem Schlage! —

Kolo. Ubermüthiger, poche nicht zu sehr darauf, daß du einen Greis mißhandelst—

ihn

ihn vor den Richterstuhl schleppst, da er nicht Kraft genug hat, dir zu widerstehen! — — Aber hier soll man entscheiden über dich und uns — hier, wo dein Machtarm so gut als der meine erschlafft!

Rozhon. Ja, Libussa soll Gericht halten! — und dann wollen wir schon sehen!

Milowecz. Auch unser Wunsch ist es!

Giwoy. Die Fürstinn wird euch eure Bitte willig gewähren. Przedslaw, lade sie in des Volks Namen dazu ein!

Przedslaw. (Geht ab. Einige aus dem Volke begleiten ihn.)

Rozhon (zu Kolo etwas heimlich.) Nun, Vater, sezz deine Ehrlichkeit ein wenig bei Seite. Mein Ansehn ist in der Klemme — und nur du kannst es vom schändlichen Sturze retten! —

Kolo. Du forderst viel von mir — aber es sei!

Giwoy.

Giwoy. Daß mir die andern zwei Raaben entschlüpfen mußten! — Aber meine Knechte verfolgen sie! — und weh' ihnen dann, wenn sie kein besondrer, wunderbarer Zufall aus ihren Klauen befreit! — Sie sahen mich ergrimmt über euch — und werden iene mit Bärenwuth verfolgen! —

Damoslaw (lachend.) Daß den grimmigen Bären nur nicht die Raaben die Augen aushacken, und diese blind werden — sich vor der Menge nicht retten zu können!

Przedslaw. (kömmt mit seiner Begleitung wieder.) Libussa will zu Gerichte sizzen.

Giwoy. Nun also, kommt ihr mächtigen Herren, bringt eure Sachen vor!

(Alle gehen ab.)

Eilfte Szene.

(Gerichtssaal.)

Libussa (mit Kroks Mützze geschmückt, hält den Herrscherstab in ihrer Rechten und sizzt auf einem Stuhle, welcher auf einer Erhöhung angebracht ist.) Kassa und Terka, (sizzen unter der Stufe von beiden Seiten auf niedrigen Schemmeln.) Przemisl (steht nächst dabei.) Giwoy (kömmt mit dem Volke, welches die Tiefe der Bühne ausfüllt,) (diesem folgen:) Damoslaw, Rozhon, Kolo, Przedslaw und Milowecz.

Libussa.

Es schmerzt mich, daß ich hören muß von Uneinigkeiten in meinem Lande, wo der Friede wohnen könnte, wo die Götter den Frieden gebiethen, und wo ich alles anwende, ihn zu erhalten. Männer Böheims! edle Männer, gute Männer! sollte einer unter euch sein, der nicht wisse, was Recht und Unrecht sei? Der da nicht beurtheilen könnte, te, ob er seinen Nachbar erzürnt habe oder nicht? Nicht als ob ich eine Last von mir wälzen wollte, die mir Pflicht ist, zu richten unter euch; aber besser doch, wenn keine Zwietrachten zu meinen Ohren kommen, wenn ich nur zu sorgen bedürfte, wie ich jedem die Ruhe, in welcher er lebt, vermehren, nicht wie ich die Unruhe, in welcher er leben muß, vermindern könnte. Doch es muß ja Streit sein! (Pause.) Wehe hat es mir gethan, zu hören, zwei meiner ersten Wladiken streiten. Noch mehr, daß sie Thätlichkeiten verübt. Rozhon! Du warst der angreifende Theil, und hast darinn gefehlt; doch vielleicht brachte dich eine rechtmässige Forderung in Zorn. Laß hören, was du begehrst.

Rozhon. Milowecz besizzt einen grossen Rein, der an meinen Acker stößt, und zieht die Nuzzung der Viehweide davon, da doch der Rein mein ist. Zweimal hab' ich das zurückgefordert, was unläugbar mein ist, allein der halsstarrige Nachbar hat mit seinem

nem Strich nicht nachlassen wollen. Welches Recht war mir da fürs erste übrig, als Gewalt? — ich schritt dazu in der einzigen Absicht mein Eigenthum zu erobern — — und habe mich in dessen rechtmässigen Besizz gesezzt.

Libussa. Was hast du für Beweise, daß dieser Rein dein ist?

Rozhon. (erboßt.) Was braucht's da erst Beweises zu einer Sache, die ich als reine Wahrheit behaupte? —

Libussa. Wenn also Milowecz deine Heerden nähme und spräche, sie wären sein Eigenthum, so dürfte ich auch nicht um einen Beweis dieses Eigenthums anhalten?

Rozhon. (verwirrt.) Ja — ich hab das Feld — von meinem Vater Kolo erhalten — und hier ist er selbst zugegen und kann es bezeugen.

Libussa. Kannst du das?

Kolo.

Kolo. Ja. Das Feld war mein, und ich trat es meinem Sohne Rozhon ab.

Libussa. Das ist nicht Beweises genug, daß auch dieser breite Rein gerade zu deinem Felde gehören muß. Bist du ie in dessen Besizz gewesen? —

Kolo. Das — nicht; — aber mein Vater, von dem ich das Feld ererbte, — sagte mir, daß dieser Rein mir zugehöre.

Libussa. Hast du gesehen, daß ihn dein Vater iemals genüzzt hatte? —

Kolo. Das nicht — aber — —

Libussa. Genug! — Milowecz vertheidige dich wider diese Beschwerde! —

Milowecz. Der Rein ist mein, dies beweißt Rozhons bisheriges Stillschweigen, der doch als ein habsüchtiger Mann in ganz Kuchel bekannt ist; denn lange schon würd' er seinen Anspruch darauf gemacht haben,

wenn

wenn ich diesen Fleck unrechtmäßig besäße. Wie ich klein war, schwieg er, weil er gleichfalls nicht viel grösser als ich war; iezt da sein Ansehn gewachsen ist, sucht er alles an sich zu reissen, was meinen Wohlstand zu befördern scheint. Sprich selbst, Vater, hat dir, als du noch für dich wirthschaftetst, iemals Rozhons Vater diesen Rein abgefordert?

Przedslaw. Nie.

Libussa. Nun, Kolo?

Kolo. Es ist wahr — ich war zu saumselig.

Przedslaw. Nicht so, Alter! — Deinen Vater hab' ich auch gekannt, hab' mit ihm nachbarlich gewirthschaftet. — Sprich! — Hast du iemals eine Beschwerde über mich — hast du iemals einen einzigen Laut der Mißgunst aus seinem Munde gehört? — Hat er dir iemals durch Gebährden angedeutet: daß dieser Rein ihm zugehöre — und ich ihn unrechtmäßig benüzze?

Kolo. Nein. Daraus folgt aber nicht —

Rezhon. Freilich folgt nicht daraus, daß wir Unwahrheiten sagen. — Der Rein ist einmal mein — und ich will —

Libussa. Ruhig! — Du darfst nichts wollen! — Hast du volles Recht — so wird es dir werden, ohne daß du zu reden brauchest! — Rede, Milowecz!

Milowecz. Ich hab ausgeredet, und finde nichts mehr zu berühren. Findet meine Fürstinn, daß Kolos und Rozhons Worten eher Glauben beizumessen sei, als den meinen und meines Vaters; so spreche sie das Urtheil über mich; es sei wie es sei — ich erwarte es — und wills ehren, denn es wird gerecht. — Um also Frieden zu haben, will ich den Rein abtreten.

Libussa. Bewahren mich die Götter, daß ich ie ungerecht sprechen sollte. Eure Herzen zu erforschen und zu sehen, welcher die Wahrheit geredet, das gebühret nur ihnen.

Wer

Wer kann wissen, welcher von euren Voreltern reines Herzens war, als sie. Allein den Rein muß ich dir absprechen, Rozhon. Er gehöret dem, der ihn so viele Jahre ohne Anstoß besessen, und die Billigkeit erfordert, daß er ihn behalte.

Rozhon. (erboßt.) Das ist mir ein herrlicher Urtheilsspruch! — Verdammt (sich vor die Stirne schlagend.) über die Gerechtigkeitspflege!

Damoslaw. (boshaft lachend.) Ha, ha, ha, ha! — — Das ist das Werk eines Weibes!

Rozhon. O weh und aber weh über Böheim, daß ein böses Weib Männer regieren soll! — zum drittenmale weh über Böheim, daß es sich unter eines schlimmen Weibes Joch begiebt! Hört mich, Männer Böheims, ich will Wahrheit mit euch reden. Hattet ihr vergessen, daß ein Weib lange Haare und einen kurzen Verstand hat? Ihr Werk ist spinnen und nähen, und der

Männer Werk richten. Mit dem Geiste, mit dem sie den Faden spinnen soll, kann sie nur unser Unglück spinnen. Denn wie will ein Weib wissen, der Männer Bund?

Damoslaw. Ja wohl, besonders wenn das Weib so stolz ist, daß es das ganze Geschlecht verachtet. Es wäre den böheimischen Männern besser, sie zögen in ein anders Land, und liessen das Weib über Weiber regieren, als daß sie sich herabsezzen, vor ihm sich zu beugen. Ganz Boiohemien hofte von Libussa, sie würde nach den Gesezzen der Natur handeln, sich einen Mann wählen, und dessen Weisheit ihre Weisheit leiten lassen; so aber hat ihr Stolz diese in Thorheit verwandelt. Wir sind ein Spott unsers eignen Gesindes geworden, und unsre Mägde höhnen uns, daß ein Weib uns regiere. Unsre Nachbarn stecken die Köpfe zusammen, und sprechen: „Die Boiohemen sind weibisch geworden, und hintern Spinnrocken geflohen, und wenn wir wollen, können wir sie mit einer Hand aufreiben."

Rozhon.) Wir wollen von einem Man-
Kolo.) neabhangen!

Einige aus dem Volke. Ein Mann soll uns beherrschen! — Wir gehorchen keinem Weibe mehr!

Przemisl. Wenn aller Weiber Weisheit so göttlich — aller Tugenden so erhaben und heilig wären, als Libussens, wahrlich die Welt könnte sich wünschen, von Weibern beherrscht zu sein.

Damoslaw. Auf deinen Ausspruch haben wir gewartet! — Geh hinter deinen Pflug, und rathe deinen Stieren, nach deiner rohen Einbildungskraft sich zu richten. Für Wladiken — für das Wohl eines ganzen Volkes ist solch eines Zemanns Rath — nur Staub!

Giwoy. Uibermüthiger!

Przemisl. Ich bin nichtsweniger als rachgierig, aber schlagen möcht' ich mich, daß ich dich, Bube, nicht wie einen Wurm zerdrückt habe! —

Siwoy. Kann ihm noch werden. Er soll nur nicht zu früh tanzen! —

Milowecz. Ich bin Wladik so gut als einer, mein Vater ist es auch; — und da das Wort des ehrlichen Zemanns von gewissenlosen Wladiken überschrien wird, so soll unsre Stimme laut ertönen zum Lobe unsrer Fürstinn und Frau! — — Sie ist groß, edel und tugendhaft: ihre Urtheile sind billig, weise und gerecht! — Wer murret wider sie?

Rozhon.
Kolo.
Damoslaw. } Wir und andere mehr.

Die Mißvergnügten. Sezzt einen Mann auf den Fürstenstuhl! —

Damoslaw. Fort mit dem Weibe!

Rozhon. Sie entweihet den Fürstensizz!

Die

Die Mißvergnügten. Fort mit Libussen!

Libussa. (Winkt mit ihrem Staube, und alle schweigen.) Höret mich!

Damoslaw. Weg mit der gebietherischen Miene!

Rozhon. Wir wollen nichts mehr hören von dir!

Giwoy. Höret sie! — und bei den Göttern seis geschworen hoch und theuer: der erste, der sich erkühnet Libussen zu unterbrechen, solls mit mir aufnehmen müssen, dem will ich empfinden lassen, meine Kraft! —

Libussa (unterdrückt ihren Kummer und nimmt eine heitre Mine an.) Damoslaw, Rozhon! — Ihr habt Recht. Ja, ich bin ein Weib; das giebt meine Gestalt, das geben meine Kleider. Aber ich will euch noch mehr bekennen: ich lebe wie ein Weib, und handle wie ein Weib; denn handelte ich nicht so, ich würde euch mit eisernen

Ku-

Ruthen stäupen lassen, ich würde meinen Urtheilen, wie andere Herrscher es thun, die Strafe gleich auf dem Fusse folgen lassen. Ich würde Gefängnisse und Blut in mein Gericht bringen. Sanft ist des Weibes Denken, und sanft sind ihre Handlungen. Mit sanftem Gemüthe kann auch ein Weib nur regieren. Ich wähnte, ihr solltet meinem Beispiele folgen, und handeln, wie ich handle. Ich dachte, ich habe ein gutes Volk, das Worte regieren können, und welches der Schläge nicht bedarf.

Przemisl. Du hast es auch, erhabene Fürstinn! Der treue Hause liebt und ehret dich, bewundert deine Thaten, und hochpreiset sie; nur eine Handvoll Auswürflinge schreiet wieder dich — und sucht deine Gottheit in ein falsches Licht zu sezzen! —

Giwoy. Fort mit dieser Brut! — Ausmerzen muß man sie wie das räudige Schaaf!

Das Volk. Libussa! wir sind dir getreu!

Die

Die Mißvergnügten. Fort mit ihr! Gebt uns einen Fürsten! —

Przedslaw. Undankbare! — Wie könnt ihr — —

Die Mißvergnügten. (überschreien ihn.) Wir hören nichts, wir sehen nichts, wenn nicht Kroks Tochter vom Fürstensizze entfernet ist!

Siwoy. (wild und stampfend.) Laßt mich nicht noch einmal schwören! — es möchte sonst blutige Köpfe geben unter euch!

Libussa. Ich bin es müde ein so störrisches Volk zu regieren. Ich werde mit den Göttern reden, und so sie mirs vergönnen, werde ich wählen, aus dem Geschlechte euch einen Fürsten, mir einen Mann, einen, den sie mir anzeigen. Ihr habt keine Ehrfurcht gegen mich gehabt, ich werde Ehrfurcht gegen meinen Mann haben, und besser ihm zu gehorchen wissen, als ihr mir. Auch sage ich euch: denkt nicht etwa, wa, daß ich e u c h werde wählen lassen. Ich bin Fürstinn, und was mir als Fürstinn gebührt, das verlange ich zu thun und zu haben. I c h werde wählen. Was ihr thun könnet wäre, mich zu tödten, um zu verhindern, daß ich wähle. Aber glaubt ihr, daß deßwegen die Götter euere Wahl nicht hemmen können, oder euer Fürst nicht werde der, den sie dazu haben wollen? — Thörichtes Volk, das an die Macht der Götter glaubt, und doch den Göttern sich widersezzen will! Geht nach Hause! Jeder begebe sich in seine Wohnung und bete zu den Göttern, daß sie mich erleuchten, um eures thörichten Wunsches willen. Wenn ich in Hilfe meiner frommen Schwestern werde mit den Göttern geredet haben, dann will ich euch wieder bescheiden, und ihr sollt hören von mir ihren Willen. So aber während dieser Zeit iemand von euch sich unterfienge einen Aufstand zu erregen unter dem Volke, der wisse, daß dann mein Versprechen aufhört, daß dann i c h a l l e i n regieren

wer-

werde, wie bisher, und keinen Fürsten euch geben.

Przedslaw. Du hast wohl gesprochen!

Milowecz. Aus dem Göttermunde!

Damoslaw. Ich möchte rasend werden!

Rozhon. Laß es gut sein, Damoslaw, wir wollen nach Hause gehn, und erwarten, was sie denn für ein Püppchen sich zum Troste wählen wird! —

Damoslaw. (höhnisch.) Ja wir können sie leicht noch erwarten diese frohe Stunde, die uns unsern Fürsten verkündigen wird. Ist er nicht nach unsrem Sinne — —

Rozhon. So soll's uns ein leichtes sein, seiner bald los zu werden! —

Damoslaw. Keine Noth.

Siwoy.

Giwoy. Ja, schmiedet nur eure höllischen Anschläge, so lange 's Blut in euch kocht!

Przemisl. Leb wohl, meine Fürstinn! — ich kam nach Psary, um dich zu schüzzen vor Gewalt — dich schüzzt die gerechte Sache, die all deinen Handlungen eigen ist — du brauchst meines Armes nicht. Ich eile meiner Heimath zu — und spanne die Stiere ins Joch — um mich hinter den Pflug stellen zu können — nach des mächtigen Damoslaws hohem Befehle!

Libussa. Du handelst edel, da du die kostbare Zeit nicht mit unnüzzen Tändeleien verschwendest. Ich danke dir für allen Beweis deiner Treue — und bleibe — — deine Freundinn!

(Sie geht mit ihren Schwestern ab.)

Alles Volk. Heil dir, göttliche Libussa!

Damoslaw. (wendet sich zu seiner Parthei.) Auch ihr ruft ihr euren Beifall nach? —

Hat

Hat euch die Rede dieses eitlen Weibes bethört — eure Sinne zum todtengleichen Schlaf eingewiegt?

Das Volk. Libussa ist edel.

Damoslaw. O du Natterbrut!

Przedslaw. Sieh, alles weicht und läßt von dir ab, selbst die, die du so mühsam in dein Garn zogst — und mit Silber und Goldkörnern an dich locktest. Das macht, sie sehen deine Tücke ein, denn du bist ungerecht, unvernünftig und stolz! —

Damoslaw. Der Teufel hat mich hergebannt! Aber Geduld! (mit verbissner Wuth.) Geduld! — Damoslaw wird sich an euch allen rächen! — Komm Rozhon!

(Geht mit Rozhon und Kolo ab.)

Giwoy. Ha, ha, ha, ha! Lacht den Buben aus, der so kindisch sich gebährdet und der Allmacht Gottes drohen will! — — Wart, ich will ihm den Weg weisen! —

Vom

Vom Felsen soll er herabpurzeln, wie ein Knaul, dann ist er um so geschwinder unten, wo er sich so gerne weiß. Laß mich gehn!

Przemisl. Giwoy! — Der Ehrlose ist deines Bemühns nicht werth! — Spare deine Kraft zur edlern That!

Giwoy. Glaubst du denn, daß ich bei ihm Kraft anwenden muß? — Eine Mücke braucht man nur mit seiner Fingerspizze zu berühren, — — und sie fliegt ins unendliche All taumelnd hinüber, aus dem sie kein menschlich Aug' mehr schauen kann! — — So verhält sichs mit dem Gedanken vom Menschen!

Milowecz. Drum sollst du dich nicht lächerlich machen! — Zeige deinen Arm dem Manne — Verachtung dieser Brut!

Giwoy. Recht! so will ichs machen! — — Gehabt euch also wohl, Brüder und guten

ten Freunde! Gehabt euch wohl, bis aufs Wiedersehen!

Przemisl. (Drückt ihm die Hand.) Gehab dich wohl!

Das Volk. Bis aufs Wiedersehen!

(Alle gehen ab.)

Ende des vierten Akts.

Fünfter Akt.

Erste Szene.

(Libussa's Gemach.)

Libussa. (allein.)

Wie unglücklich bin ich doch auf dem Fürstenthrone! — Mein Schicksal, die Ruhe meines Herzens hängt vom Ruf des Volkes ab, — und dieser Ruf ist ein Wink der Götter! — Ich soll und muß mir einen Gemahl erwählen! — Traurig! — Darf ichs wagen — mein Auge zu euch zu erheben, ihr allmächtigen Unsichtbaren? — Wozu rathet ihr mir? — Kann Przemisl — — aber wie könnte ich es

wagen

wagen ihn zu wählen, da seine Prophezeiung mir es widerräth? — Doch warum gerade widerrathen? — Es kann ein Götterwink sein! — Ich will ihm näher nachspüren! — — Ach, Przemisl! — Przemisl! — Sollten aber die Götter mir die Hand eines andern — wohl gar die Hand des bösen Damoslaws bestimmt haben? — Wie elend! — wie jammervoll würden alsdann meine Tage sein! — — Ich würde unter dem Uibergewichte des Trübsals vergehen! — —

Zwei=

Zweite Szene.

Libussa. Kassa. Tetka.

Kassa.

Du hast dich sehr gehärmt, traute Schwester!

Tetka. Deine Augen sind vom Weinen ganz roth und verschwollen.

Kassa. Deine Seele leidet einen nie gefühlten Schmerz.

Libussa. Glaubt nicht, daß meine Seele so ganz niedergeschlagen ist, als vielleicht mein Aeusseres euch erscheint. Nein! die Götter haben mir viel Gnade erwiesen, denn sie haben meine Seele Entschlüsse fassen lassen, die von meiner Standhaftigkeit zeugen. — Ich habe gehört, wie mein Volk mit mir verfährt. Die Verblendeten wissen nicht, was ihnen gut ist. Es geht ihnen zu wohl, und sie seufzen nach Ketten, weil sie keine haben.

Kassa.

Kassa. Wir haben gesehen die Thorheit — und den Ungehorsam — mit dem es dir begegnete, und unsre Herzen haben sich das darob erzürnt. Aber nicht minder, Libussa, haben wir uns gewundert, daß du deiner Herrschersmacht so wenig eingedenk gewesen bist. Hättest du befohlen den Rozhon in Fesseln zu legen, und den Damoslaw seiner Schmähungen wegen zu züchtigen, so hättest du gethan, wozu dein Volk dich durch freiwilligen Gehorsam berechtiget hat.

Libussa. Nein, Kassa, meiner Meinung nach ziemt es dem Weibe nicht gleich dem Manne zu regieren. Sanft muß ihr Regiment sein. Sie muß die weibliche Eigenschaft der Güte nicht verläugnen. Wo aber Gerechtigkeit vonnöthen ist, da nehme sie den Mann zu Hilfe, verläugne sich aber nicht.

Kassa. Gut: — wenn aber die Götter, die dich zur Fürstinn bestimmten, dir nun keinen

nen Mann zutheilten, wenn sie dir versagten Neigung zu Damosslaw, der dich ehelichen wollte, wenn sie durch einen Spruch dir kund thäten, du solltest ledig bleiben?

Libussa. So würde ich thun, was mein Herz mir sagt. Ich würde bestimmen eine Anzahl Männer, die ich zu Richtern sezzen würde, daß sie urtheilen über Gerechtigkeit und Strafe, und mich nur um meine Einwilligung fragten.

Tetka. So ists recht, und zu diesem Wege rathe ich dir. Er führt dich zu deinem Zweck, ohne dich ins Verderben zu stürzen. Es wird dir des Volks Liebe dadurch erhalten werden, und du stössest zugleich die übrigen nicht vor den Kopf, daß du einen wählst. Wenn zwölf Wladiken du erwählst, die unter deinem Schuzze regieren, so wird dich niemand tadeln.

Libussa. Nur muß ich vorher auch überzeugt sein, daß die Götter es so wollen. Denn wider ihren Willen unternehm' ich nichts.

Tet=

Tetka. Das ist weise, meine gute Libussa!

Kassa. Fahr' in deinem Beginnen muthig und entschlossen fort — und du wirst glücklich sein! —

Dritte Szene.

Giwoy. (begleitet von einigen Edlen des Volkes.) Die Vorigen.

Giwoy.

Geehrte Fürstinn, und geliebte Schwester meiner trauten Kassa! — Dein treues Volk bittet: daß du um deiner eignen Ruhe und Zufriedenheit willen dir einen Gefährten erwählen möchtest, der dich für aller Kränkung sichern könnte; — denn es schmerzt uns tief, daß du vom gottlosen Haufen beleidiget worden. Verhindre es fernerhin durch deinen heilsamen Entschluß, und reiche deine Hand dem Manne, den du aus deinem Volke für den würdigsten hältst, deine Sorgen mit dir zu theilen!

Die edlen des Volks. Ja, gute Mutter, gieb uns einen Vater, nach dem wir lange schon trauern!

Libussa. Mein Schicksal ist in der Götter Hand. Ich kann nichts, als ihrem Winke folgen. — Und — (gaukelnd.) ich sehe — den Himmel vor mir offen! — sehe ihren Glanz — sehe eine Marmortafel — — sehe mit Gold darauf geschrieben — euer Wohl und künftig Geschick! — (Im heiligen Entzücken und mit prophetischer Begeisterung.) Horcht, horcht ihr Söhne Böheims, was euch die Götter durch mich kund machen lassen!

(Alle horchen mit Andacht.)

Libussa. Ich lese auf der Marmortafel: „Dort am Dorfe Stadiz — werdet ihr

ei-

einen Mann — am eisernen Tische — unterm freien Himmel — sein Mittagsbrod einnehmen sehen. — Begrüsset ihn mit Demuth, — denn er ists — den euch die Götter zum Vater — eurer Fürstinn zum Gemahl bestimmen. — “ (Es wandelt sie eine Ohnmacht an.)

Giwoy. Habt ihr es vernommen? —

Das Volk. Geehret sei der Götterwink! Wir wollen ihn befolgen! —

Giwoy. Verehret die Göttliche!

Einer der Edlen. Begleite du uns dahin, tapfrer Giwoy! —

Giwoy. Meine Pflicht heischt, daß ich hier bleiben muß! — Geht im Namen des Volks dahin — und die Götter leiten euren Schritt!

Libussa. (erholet sich wieder.) Wie war mir? — welche Finsterniß umnebelt meine ne Sinne? — welche Empfindung war das, die meine Brust erfüllte — und sich iezt mit Macht aus derselben drängt? — Götterwonne sonder Gleichen! — Ach! — — Was sind das für Menschen um mich herum? — Sind das Boien, die hier stehn? — Nein, sie sind es nicht. Meine Boien ziehen hin, sich einen Fürsten nach dem Götterwinke zu erwählen. — Das hier sind Feinde — die mich würgen wollen! — Fort, fort mit euch! — Euer Anblick ist Gift! — O, weh! —

Kassa. Schwester!
Tetka. Libussa!
Giwoy. Welche Phantasie? —
(zugleich.)

Kassa. Besinne dich, Theure! — wir sinds, deine lieben Getreuen!

Libussa. (sieht sie starr an.) Ists wahr? — Ists wahr?? —

Tet-

Terka. Dein Zweifel tödtet mich! —

Libussa. Sie wollen von einem Manne regieret sein! — Schon gehen sie hin!

Giwoy. Noch sind sie hier. — Besinne dich, Libussa!

Libussa. Ach! — Noch seid ihr hier? — Eilt doch! eilet! — das Volk würde sonst murren und eure Saumseligkeit verfluchen!

Giwoy. Nun geht, geht!

Das Volk. Heil dir, göttliche Libussa!

(Das Volk geht ab.)

Vier-

Vierte Szene.

Libussa. Kassa. Tetka und Giwoy.

Kassa.

O dreimal glückliche Schwester, der sich die Götter auf jeden Wink sogleich offenbaren!

Libussa. Nur in der äußersten Noth; und diese ist vorhanden. Ein Theil des Volks wünscht, der andre murrt. Uneinigkeit ist unter ihm ausgesäet — — und wird zum Schrecken aufkeimen fürchterlich! — In solchen Nöthen ist der Götter Beistand am nächsten, wenn ihn mein reiner Geist erfleht! Laßt uns ihnen danken, und zu ferneren Geschäften ihren heiligen Willen erbitten!

Tetka. Ich will meiner Klimba Opfer bringen, für dein und ganz Böheims Wohl!

(Geht ab.)

Kassa.

Kassa. Ist kein Kranker da, daß ich an ihm meinen Dank beweisen, und ihn von seinen Gebrechen heilen kann?

Giwoy. Sei nicht zu geschäftig, Kassa! — Besser ists, wenn du gar nichts zu thun findest, als daß du immerfort Kräuter dürren, und Wunderwasser sieden solltest! — Mir ists lieber, wenn die Menschen herumspringen, als wenn sie ihre Köpfe in den Händen herumtragen! Auf die Jagd will ich gehn — und ein fett Mahl nach Hause bringen! — Gehab dich wohl, trautes Weib! Gehab dich wohl, Libussa!

(Geht ab.)

Kassa. (ihm nachgehend.) Schone nur deiner Gesundheit dabei! — Sei nicht zu übermüthig auf deine Stärke: wenn die Gesundheit schwindet, erstirbt diese bald.

Fünf-

Fünfte Szene.

Libussa (allein, hernach) Wlasta.

Libussa.

Wenn ich auf diese Art nicht zu meinem Zweck gelange, so bin ich betrübt, denn anders weiß ich mich nicht zu retten! — O, Przemisl! Przemisl! — Nur du bist mein Wunsch! — In dir lebt mein gesunkenes Glücke wieder auf!

Wlasta. (Kömmt.) Du allein, meine Gebietherinn — in dieser unruhvollen Wohnung? — Weißt du nicht, daß hier Ottern brüten, und Schlangen umherschleichen?

Libussa. Wlasta, was fehlet dir? — Welche Reden?

Wlasta. Sonderbar dem Scheine nach — im Grunde aber voll Wahrheit. Ich warne dich, Libussa, bleib nicht gern allei-

alleine! — (Mit Nachdruck.) Traue keinem Manne! — Sie sind alle der Hölle Brut!

Libussa. Wie kömmst du zu so seltsamen Gedanken, Wlasta? —

Wlasta. Auf eine ganz leichte Art, so wie man zur unversöhnlichsten Feindschaft und blutdürstenden Rache kommen kann. — — Beide sind mir zu Theile geworden. Ich bin verachtet, mein Geschlecht mit mir beschimpft — und herabgewürdiget! — Ich muß mich — ich muß mein Geschlecht an dem Mannsvolk rächen! — O Libussa! verzehrender kannst du dir die Höllengluth nicht denken, als jenes Feuer, das in meiner Brust auflodert — und jeden Tropfen meines Bluts, das durch die dinnsten Adern läuft, zur Wuth und Rache brennt! Ha! ich will sie's fühlen lassen die stolze Männerbrut!!!

Libussa. Wlasta, du bist fürchterlich anzuhören!

Wla-

Wlasta. Auch meine Thaten sollen es bald werden! — Zittre Damoslaw!

Libussa. Wider diesen tobest du?

Wlasta. Er verschmähte meine Hand, stieß mich verächtlich von sich! — O mein gerechter Zorn wird ihn gewiß ereilen. — Bewafnen will ich mich, und wo ich ihn treffe — — wehe ihm!

Libussa. Unsinnige! — Er ist mein Unterthan — und ich beschüzze ihn mit Macht und Hoheit!

Wlasta. Dafür gewiß, daß er dich vor dem versammelten Volke mißhandelte?

Libussa. Ich verzieh ihm; — — und hätt ichs nicht gethan, so kömmts der Dienerin nicht zu, Vergehungen dieser Art zu rügen. Ich bin Fürstinn, bin Frau. Damoslaw Wladik, du — Magd. Dem Ersten gebiethe ich — und als Unterthan ergiebt er sich meinem Gebothe bedüngt. Dir

be-

befehle ich — und unbedüngter — blinder Gehorsam ist dir die heiligste Pflicht. — Entferne dich! —

Wlasta. Bist du noch Libussa? — Bist du Beherrscherinn Böheims? — Nein, dein Schatten ist es nur! — Dein Ansehn ist gefallen, der Glanz deiner Herrlichkeit verdunkelt worden; du bist vom edlen, großmüthigen Weibe bis zum winselnden Geschöpfe herabgesunken, das nach jedem Schatten langt — und ihn nicht erlangen kann! — — Ich bin dein Eigenthum, bin deine getreuste Magd! Du sollst auch wieder meine Frau — auch wieder jene göttergleiche Libussa werden, die auf dem Fürstenthrone glänzt! — Ich will dir zum verlornen Ansehn, Macht und Hoheit wieder verhelfen; — ich will die muthvolle Verfechterinn deiner heiligen Rechte — und des ganzen weiblichen Ansehens sein! — — Verlaß dich auf mich, Libussa! — aus Dankbarkeit rett' ich dich, denn du bist meiner Seele zu heilig geworden! —

(Stürzt hinaus.)

Sechste Szene.

Libussa. (allein.)

Götter! — Welch wildes Feuer tobt in dieser unartigsgebildeten Brust? — — War das meine Wlasta, die ich so sorgfältig erzog — und mir zur treuen Dienerinn auserkohr? — — — Welche Verwandlung in ihr? — Sonst glühte ihr Blut für der Männer Glück: iezt stürmt es — und kocht blutige, schwarze, Rache, Tod und Verderben wider sie! — So leicht kann sich der Mensch verändern! — O, wie schwach sind wir doch!

(Geht tiefsinnig ab.)

Sie-

Siebente Szene.

(Feld vor Przemisl's Wohnhütte.)

Przemisl. Ein Greis.

(Přemisl sizzt auf einem Steine vor dem umgestürzten Pfluge, worauf er sein Mittagsbrod liegen hat. Seine Stiere weiden in einiger Entfernung.)

(Ein Greis sizzt näh bei ihm auf der Erde.)

Przemisl.

Du hast also Libussen nie gesehn? —

Der Greis. Nie. — Und es ist mir leid darum. Wenn mich meine schlotternden Knie nur halbwege noch aufrecht halten wollten, so wallfahrtet' ich zu ihr hin, um sie heilig zu preisen.

Przemisl. Ja; sie ist auch göttlicher Verehrung werth!

Der

Der Greis. So hör' ichs von allen, die sie gesehn! — Sie ist auch eine Frucht, die aus edlem und guten Saamen entsprossen ist: folglich kann sie nicht unedel, nicht böse sein. Vor ungefähr siebenzig Sommern kam ich mit dem würdigen Czech aus Slavonien an; da konnt' ich dir noch 'rumspringen nach Herzenslust, denn ich war erst dreißig alt. — Ja — daß ichs nur sage — ich kannte ihren Vater noch als Jüngling — ihre Mutter noch als Säugling. Sie war Duwods Tochter — und hieß Niva. Ein edles Weib war sie auch Krok tapfer und gut. — Doch auch du kanntest schon beide. — — Ja, wenn mich nur mein Gedächtniß nicht so oft verließ! — es wird zum Verräther an mir, und ich habs immer treu und warm geliebt. — Ja, ia die gute Libussa! — Sehen möcht' ich sie doch gern!

Przemisl. Ich wollt' dirs wünschen! (Er reicht ihm ein Stück Brod.) Da, Vater! (langt ihm den Topf hin.) Erquicke dich — Hier ist Milch!

Der Greis. (ergreift beides sehr begierig.) Guter Jemann! — Du fristest noch mein Leben! Hab nie der guten Tage viele gehabt. Wohl hat mirs gethan, wenn ich dem Armen von meinem Wenigen mittheilen konnte. Er nahms immer mit dankendem Gemüthe hin — und segnete mich so recht aus Herzensgrund, wie ich dich hier segne, Przemissl! —

Przemissl. Nu, nu, iß nur — und erspare den Dank! Wünsche, daß ich dir was bessers geben könnte, als Brod und Milch.

Der Greis. Was bessers? ists nicht schon das Beste? Seit meinen Kindesiahren hab' ich diese Nahrung gehabt — und sie hat mich auch gesund erhalten, daß ich ein hohes Alter zählen kann! (Er trinkt.)

Przemissl. Freilich macht dies einfache Mahl dem Genügsamen keine dicken Säfte — und giebt ihm Kraft; — warum sind aber die Menschen nicht alle genügsam, und suchen in leckerhaften Gerüchten Krankheit — Tod?

— Ich weiß, daß auf Psary kein schwarzes Brod, keine fette Milch den Tisch der Fürstinn belastet; ich weiß, daß beim aufgeblasnem Damoslaw in Kuchel Birkensaft und Rindersleisch den Mund der Gäste kizzeln — und ihre Nerven zum wollüstigen Genuß spannen wird! Mir ists hier wohl, und ich sehne mich nicht nach solch lärmendem Glücke! (Er ißt.)

Der Greis. Wohl, mein Sohn!

Przemisl. Kein Reiz ihrer Hoheit könnte mich locken, meine friedliche Hütte mit ihren sorgenvollen Schlössern zu vertauschen. Arbeit ist mir lieber als Sorgen, sie trübte meine Stunden noch nie. — — Doch — was nahen sich uns für Leute? — — ihre spähende Miene sollte mich fast besorgt machen um mein Eigenthum. — Können es nicht Freunde Damoslaws — meine heimlichen Verfolger sein? — Doch ruhig! — Mein Herz hat nichts zu befahren, denn es hat den Sizz im Busen eines unbefangnen Mannes. Laß sie kommen!

Achte Szene.

Einige Boien. Die Vorigen.

Erster Boie.

Wir haben ihn gefunden, den Mann am eisernen Tische, den uns der Götter Huld durch unsrer Fürstinn Mund verkündiget hat!

Zweiter Boie. Ja, das ist er!

Przemisl. Seid mir willkommen, tapfere Männer Böheims! (Steht von seinem Sizze auf, und reicht ihnen das Brod und sein Messer hin.) Wollt ihr mit mir Mittag halten? — Langet zu ohne Scheu. Was euch der arme Przemisl geben kann — ist euch von Herzen gegönnt! — Laßt euch Bescheid bringen! Willkommen! (er trinkt und langt den erstaunten Boien den Milchtopf hin.) — Nun langt doch zu!

Erster Boie. Wir sind gekommen, edler Zemann, dir der Götter Willen, Libussa's Wunsch — und die Bitte des frommen Volks zu hinterbringen.

Przemisl. Sezzt euch doch!

Zweiter Boie. Nein, es ziemt uns vor dir stehn zu bleiben ehrfurchtsvoll und demüthig!

Przemisl. Ihr seid irrig, meine Freunde, denn Przemisl ist nicht der eitlen Thoren einer, die sich Schmeicheleien blenden lassen. Ich bin ein Zemann, pflüge meine Aecker selbst, behandle meinen Nachbar ohne Falsch, ehre den Fremdling, der sich bis zu meiner Hütte verirrt, und thu' ihm nach Kräften Gutes, wenn er dessen bedarf.

Erster Boie. Die Götter haben dich auserſehen —

Przemisl. Ihr seid irrig, Freunde, in der That! Przemisl ist zu klein, als daß ihn eure Götter ihres milden Blickes würdigen sollten. Ihr werdet mich nichts überreden, ich steh' euch dafür. Wer sich seines Standes nicht schämt — seine Redlichkeit gern ungekränkt besizzt — wird sich in eure Schlinge nicht so leicht verfangen. Laßt allen eitlen Tand, der nur Thoren blenden kann, bei Seite! — Sezzt euch, handelt ohne Umstände bei mir — und — (reicht ihnen beiderseits die Hand.) willkommen!

Der Greis. Wer sich seines Stands nicht schämt — braucht nicht zu klettern auf eine steile Felshöhe um höher und mächtiger zu scheinen, — braucht nicht zu befürchten, daß er einst an der Krücke im sumpfigten Thale herumkriechen muß. Wer hübsch bei Seinesgleichen bleibt, wird von Seinesgleichen geehrt; da ihn im Gegentheile diese verlachen, und die Grossen, zu denen er sich hinaufdrang, des Anschauns nicht werth achten.

Er-

Erster Boie. Aber den Allweisesten Rathschlüssen der Gottheit widersprechen zu wollen ist Thorheit — ist sündhafte Verstockung.

Przemisl. Da hast du Recht.

Erster Boie. Wir sind von Göttern und Libussen hieher gesandt —

Przemisl. (hizzig.) Bedarf sie meiner Hilfe?

Erster Boie. Ganz Böheim bedarf ihrer.

Przemisl. Ist Libussa von Bösewichtern geängstet? — Ist mein Vaterland von Feinden bedroht?

Erster Boie. Beides. Wo nicht iezt — doch im kurzen!

Przemisl. Ich danke dir für diese traurige Nachricht. Mein Arm — und der Arm von zwanzig Knechten soll sich zum Dienste der Fürstinn — soll sich zum Schuzz des Vaterlandes waffnen! — Ich hab

eu-

euern Auftrag vernommen — säumet also nicht, ihn auch meinen Nachbarn bekannt zu machen, denn da ihr alle Zemanne hier herum wider die rebellischen Wladiken auffordert — wird eure Zeit kostbar sein! — Ich eile — —

Erster Boie. Du hast uns nicht ganz vernommen.

Przemisl. Rede!

Erster Boie. Die Götter, welche unser Glück und Heil befördern, die Feinde demüthigen und den Neid beschämen, haben dich außersehen Böheims Herrscher zu sein!

Przemisl. (Bescheiden.) Landsmann spotte nicht über mich! —

Zweiter Boie. Wir demüthigen uns vor dir, Herzog der Böhmen! (Man demüthiget sich vor ihm.)

Przemisl. O, laßt dies Gaukelspiel! — — Fürwahr euer Betragen wird mich unwil-

lig

lig machen — und nöthigen — euch hier stehen zu lassen.

Erster Boie. Nein, erhabner Přemisl! — wir heucheln nicht. Die Ehrerbiethung, die wir dir iezt zollen, ist schuldige Pflicht, und ein Beweis wie ergeben dir die Herzen der Boien sind! — Der Götterwille lautet: daß wir unsern Herrscher am Dorfe Stadiz finden werden, als er an einem eisernen Tische sizzend sein Mittagsbrod einnehmen wird. — Der umgestürzte Pflug beut dir den eisernen Tisch in seinem Schaar. Du sizzest hier und essest. Können wir da irren? Oder glaubst du, daß wir diesen Greis hier zum Herzog nehmen sollen, dessen Lebenslicht mit iedem Odemzuge verlöschen will? So wirst du der Götter heilgen Willen nicht mißdeuten?

Der Greis. Ach nein, nein! Laßt mich ruhig bei meinem Grabe sizzen. Ich sehe es — und fühle mich von inniger Wonne durchglüht. Die Götter sind gerecht — sie rufen dich, Przemisl, auf Böheims

Für-

Fürstensizz. Besteige ihn getrost, da dich dein Volk darauf erhebt! — Theile ihn mit Libussen — Du bist ihrer Liebe — bist des Volkes Liebe werth!

Przemisl. (wie aus einem Traum erwacht.) So wär' sie ia erfüllt die göttliche Weissagung der Pylweisen, die gleiche Worte zu meiner Mutter sprach, als ich noch an ihrem Ärm gaukelte? — Götter! — Götter! — zu welcher Stufe habt ihr mich bestimmt! — Ich ehre eure Güte — aber hier wird mir das Uibermaas zu schwer — zu drückend werden! Wenns der Allmacht heiligster Rathschluß ist, mich zu Böheims Fürsten zu erheben; so folg' ich euch und eurer Einladung mit willigstem Herzen!

Die Boien. Heil dir, unser Fürst und Herr! (Alle neigen sich vor ihm.)

Przemisl. Kommt in meine Hütte, Freunde, daß ich euch bewirthen kann! — Ich will über dem allzugrossen Glücke, das mir wiederfährt, meiner ersten Bestimmung

nicht

nicht vergessen — und meine Flur, die mir viele Schweistropfen gekostet hat — meine sorgsam erzogene Heerde — nicht verächtlich mit dem Rücken ansehen, als ob ich ihrer bei meiner Fürstengrösse leicht entbehren könnte! Ich will dankbar sein für treue Dienste!

Der Greis. Ein schöner Zug in des Fürsten Seele, allgemeiner Nachahmung würdig!

Przemisl. Ich will meine Habe unter die getreuen Knechte vertheilen, daß sie mich und den Antritt meiner Regierung segnen!

Erster Boie. Göttlicher Fürst!

Der Greis. Dreimal beglücktes Böheim, das sich eines so guten Vaters erfreuen kan! Die spätesten Nachkommen werden dich verehren, Przemisl, und die Nachbarn ringsumher deinen Namen mit Ehrfurcht nennen.

Przemisl. Leb wohl, geliebte Flur, die ich mit angestrengten Kräften urbar machte, und zu dem schuf, was du gegenwärtig bist. Ich wünsche dir einen eben so fleissigen und getreuen Besizzer wieder, als du an mir verlierest! — Leb wohl, schäckernde Heerde! — und besuch' ich dich wieder an meiner Libussa Hand — so gewähre mir das, was iene hier fand! — — Kommt dann, Freunde, kommt!

(Sie gehen in die Hütte ab.)

Der Greis. (im Abgehen.) Werd' ich noch Libussen sehn? — Wundervoll sind die Fügungen der Götter — wundervoll der Menschen Glück!

Neun-

Neunte Szene.

(Saal auf Psary.)

Damoslaw und Rozhon.

Damoslaw.

Folge du nur meinem Rathe, Rozhon, und es wird alles gut ablaufen. Giwoy, dieser grimmige Bär ist auf der Jagd, die edlen Beschüzzer alle hin und wieder im Lande zerstreut, Niemand ist zugegen, der sie mit Macht und Ansehen unterstüzzen könnte!

Rozhon. Wenn du sicher zu gehen glaubst

Damoslaw. Sicher, ganz sicher. Sie mag wollen oder nicht — sie muß mich zum Herrscher nehmen!

Rozhon. Wider den Willen des Volks? — Das wird sehr schwer halten! —

Da=

Damoslaw. Ei was? — Viele Grossen sind auf meiner Seite — und dem gemeinen Haufen machen wir ein Ding weis, das weder Händ' noch Füsse hat — schreien es als nothwendig und heilsam aus — — und so muß sich dieser auch zur Ruh begeben! — Vor allen Dingen laß uns versuchen, ob nicht hier im Schlosse Zwietracht anzurichten sei?

Rozhon. Wenn dies möglich wäre, so hättest du gewonnen Spiel, — aber ich zweifle. — Das Weibsvolk hängt an Libussa, wie die Kletten auf dem Schaafe. — Nichts kann sie von ihr trennen.

Damoslaw. Doch, Rozhon, kenn' ich eine Dirne, die um ein freundlich Lächeln von mir alles thut.

Rozhon. So geize nicht damit, wenn du dessen versichert bist! — Wer ist sie aber?

Damoslaw. Ihre Vertraute. Wlasta!

Roz=

Rozhon. Wlasta? — Blick zurück, Damoslaw! erinnere dich, wie du sie erst kürzlich mißhandeltest — und dann antworte dir selbst!

Damoslaw. Das ist eitel Tand. Eine Schmeichelei — ein Händedruck, — ein gutes Wort vertilgt allen widrigen Eindruck — und öffnet dem frohen Gemüthe das Thor! — Wlasta soll mir selbst beförderlich sein! — Komm! — wir wollen sie aufsuchen! (beide gehen ab.)

Zehnte Szene.

Libussa. Kassa. und Tekta.

Libussa.

War das nicht Damoslaw? — Was sucht die Schlange hier herum? —

Kassa.

Kassa. Laß ihn herumschleichen, er ist zu ohnmächtig, um dir schaden zu können!

Tetka. Der Arm meiner Klimba beschüzzet dich!

Libussa. Ich fürchte auch die Drohung des Bosbaften nicht! Der Geist der allmächtigen Gottheit ist so eben in mir wirksam gewesen, traute Schwestern, — und bald sollt ihr erfahren, wen sie mir zum Manne, wen dem treuen Volke Böheims zum Herrscher bestimmten! — bald sollt ihr den Mann in diesen Mauern sehen, der eure Liebe und Bewunderung verdient, und des gesammten Volks lauten Zuruf einärndten wird.

Tetka. Als ich im Haine meiner Klimba opferte — sah ich eine Mannsgestalt mit fürstlichem Mantel angethan, der Rauchwolk' entsteigen, höher hinauf schwebte Libussens Bild, das diesem Fremdling freundlich zunickte — ihm den Arm both — und den Fürstenstuhl mit ihm theilte. — Ein

Zei-

Zeichen, geliebte Schwestern, daß die Götter dem Rathe nicht beistimmen, den ich kürzlich Libussen gab, sich Männer zu wählen, die in der Regierung ihr beiständen. Ein Fürst ist für Böheim bestimmt.

Libussa. Gewiß ists, daß die Götter mir einen Mann und Böheim einen Fürsten bestimmen — allein, wer es ist — — kann ich nicht — —

Kassa. Vielleicht kann ich es näher andeuten. An meinem Opferaltare betend — auf den Wink der Gottheit lauschend, ergrief ich meinen heiligen Spiegel, den ich von einer Pylweisen erhielt, und worinn man zukünftige Dinge schauen kann — — und — ich erblickte in ihm einen Ackersmann vor einem umgekehrten Pfluge, der auf dem Schaar desselben seine Mahlzeit aß.

Libussa. O glücklich! Auch mir ward's im heiligen Entzücken kund gethan! — — Schon sind Böheims Edle hinaus ihn abzuholen! — Schon erwartet mein offener Arm — schon erwartet Böheims Ruhe ihn! — Götter des Himmels und der Erde! ich danke euch, daß ihr mich glücklich macht! — Libussa hat keinen Wunsch mehr, denn ihr gewähret ihr den höchsten. Libussa hat keinen Dank mehr, denn sie ist euch den größten schuldig! (Ein Freudengeschrei ertönt.) Sie kommen, sie kommen in zahlloser Menge, die getreuen Bojen, und ihr Fürst ist in ihrer Mitte! — — Freut euch mit mir ihr guten Schwestern!

Stimme des Volks. (inwendig.) Heil uns! Heil unsrem Vaterlande!

Przedslaw. Heil unsrer Frau Libussa!

Milowecz. Heil ihrem Gespon!

Das Volk. Heil ihr! Heil ihm! Heil uns allen!

Eilfte Szene.

Przemisl. Przedslaw. Milowecz. Giwoy und eine Menge Volks, (das unterm lauten Jubel Přemissln begleitet.) Die Vorigen.

Das Volk.

Wohl uns, daß wir einen Vater haben!

Przemisl. (Ehrfurchtsvoll.) Meine Fürstinn und Frau!

Libussa. (breitet ihm entgegn ihre Arme aus.) Mein Fürst und Gemahl! — Willkommen! — Willkommen dem Vaterlande, willkommen auch dreifach meinem Herzen, theurer Przemisl! —

Kassa. } Przemisl?
Tetka. }

Kassa. Er ists, den ich in meinem Spiegel sah!

Tet-

Tetka. Das ist er auch, der sich meinen Blicken im Purpurmantel darstellte!

Libussa. Ja, er ist es. — Er ist es, den uns die Allmächtigen zum Troste — zum allgemeinen Glücke Böheims — zum Verderben der Bösen senden! — — Grössere Gnade, als ihr wähnet haben die Götter an uns bewiesen. Sie haben vorausgesehen, daß es euch vielleicht beunruhigen würde, den nicht zu kennen, den ich zum Oberherrn über mich erhalten würde, und vorher schon haben sie mich in seine Gemeinschaft gebracht. — Ich kenne diesen Przemisl, und ein würdiger Fürst für Böheim ist er. Seine Weisheit, Schwestern, übertrift die unsrige: — und ihr, Böheimer, werdet erfahren, wie gerecht euer Fürst handeln — wie väterlich er für euch sorgen wird!

Das Volk. Das thun die Götter! — Sie senden uns Heil in diesem Fürsten!

Libussa. Lange soll er leben!

Das Volk. Lange soll er leben, um uns zu beglücken!

Przemisl. Libussa! — Meine Kinder! — Welch ein Glück ist dem meinen gleich!

Das Volk. Heil dir, edles Fürstenpaar!

Zwölfte Szene.

Damoslaw. Rozhon. Die Vorigen.

Damoslaw.

Welch ein Jubel, der hier ertönt? — —
Was für zahlreiche Versammlung? — —
Welch ein Fest ist es denn, das beginnt?
Darf man Theil daran nehmen?

Giwoy. Jeder treue Unterthan darf an dem Fürstenfeste seines Landes Antheil nehmen!

Rozhon. Fürstenfest? — Wo ist denn der Fürst?

Przedslaw. Blick hin! — Siehst du nicht Weisheit und hohe Würde auf Przemissls Stirne prangen? —

Damoslaw.)
(Przemissl? —
Rozhon.)

Giwoy. Ist euch dies auffallend?

Damoslaw. (Spöttisch.) Nicht im geringsten, denn Böheims Wahl fiel auf ihn! und ich wage es nicht seine Ackermannsklugheit in Zweifel zu ziehen.

Milowecz. Hochmüthiger Thor!

Damoslaw. Böheim kann nicht anders, als glücklich sein. Jezt hat es alles was es will. Ein eitles Weib und einen weibischen

schen Mann auf seinem Throne! — — Jauchzet dem edlen Fürstenpaare euren Beifall zu! —

Przemisl. (Mit Würde.) Wenn ich deinem hohen Geiste zu klein bin, wenn die Würde, zu der mich der Ruf der Götter und des Volks erhob, dir ein Dorn in den Augen ist, wenn du für mich nicht Achtung haben kannst, noch willst, so ehre das heilige Haupt deiner gebornen Fürstinn, ehre ihre Weisheit — und göttergleiche Milde; denn Libussa ist aller Anbetung werth! — So du aber dieses nicht thust, ihr nicht den schuldigen Gehorsam zollst; laß ich dich kraft meiner Macht und erlangten Würde an den Schandpfahl binden, und mit Ruthen streichen so lange, bis deine Zunge den Eid der Treue schwört!

Damoslaw. Wie, einen Wladik willst du so knechtisch behandeln? — Auf Böhmen! rächet diese Schande! — Rettet eure Freiheit! zerbrecht die Ketten, die uns dieser Ackersmann anzulegen droht!

Gi-

Giwoy. Ohnmächtiger! — poltre zu, und Sieh, ob sich einer regt! —

Damoslaw. Ha! Nichtswürdige! — Euer Joch ist euch süß! — ihr habt das edelste Gut der Menschheit Freiheit und Ehre dahingegeben im Rausche, den euch der Zaubertrank dieses schwesterlichen Kleeblatts in eure schwachen, hirnlosen Scheitel goß. Meinetwegen! — — Seufzet zu ihren Füssen — schmachtet in den Ketten bis der matte Geist dahin scheidet zur Erkenntniß eures gränzenlosen Wehs! Ich für meinen Theil will meine Heerde schlachten, mein Eigenthum zerstören, daß nichts von mir übrig bleibe, woran sich Libussens ungerechter Ehrgeiz weiden kann! — Verfluchen will ich euch und sie — ihren Stamm und euer Schicksal, so lange sich meine Zunge bewegt, so lang ich athmen kann! — Fluch und Wehe über Libussa und Przemisl! —

Rozhon. Wehe!

Prze-

Przemisl. Achte nicht dieses lästerlichen Geifers, er reicht nicht bis zu deiner Würde! — — Verachte ihn!

Damoslaw. Ich bin zum Fürsten geboren — ich nur allein bin der würdigste Böheims Herrscher zu sein!

Giwoy. Ha, ha, ha, ha! — Ein schöner Fürst das, der seine Unterthanen bis aufs Blut drücken — ihnen das Mark aus den Knochen pressen möchte! Die Götter sind uns gnädig, und haben uns keinen Tirann aufgeladen, der uns darnieder drücken will! — Lange lebe Przemisl!

Das Volk. Lange lebe Przemisl! Heil und Wohlfahrt seinem Stamme!

Lezte Szene.

Die Vorigen. Wlasta.

Wlasta.

(Kömmt zerstört herein und blickt wild und fürchterlich umher.)

Hier muß ich das Ungeheuer finden — hier vernahm ich sein boshaft Gebrülle! — — Ha! hier — hier!

(Sie eilt auf Damoslaw zu, und faßt ihn beim Kragen an.)

Damoslaw. Rasende, was willst du?

Wlasta. Dich den Gehorsam lehren, den du nicht erkennen willst; dir zeigen, wie ein gekränktes Weib stark sein kann! — (Schleppt ihn zu Libussens Füssen hin.) — Hier, Nichtswürdiger, erkenne deine Nichtigkeit — und der Glanz der Fürsten schrecke deine teuflische Seele zurück, daß sie

herab-

herabtaumle zum Sizz der Verdammten! Sieh, dies ist die göttliche Libussa, deine Frau und Fürstinn, wider die du die Bojen aufzuwiegeln bemühet — ihren Ruhm zu schmälern beflissen warst. Demüthige dich vor ihr, Wurm, denn bald zertritt das beleidigte Weib deinen Kopf! — — Sie vergab dir: — dafür ist sie auch göttlich. — — Aber die gekränkte, gemißhandelte Wlaska, die du schimpflich von dir stießest, als sie dir ihr Herz, ihr ganzes Eigenthum entgegen trug — ihre Ruhe dir opfern wollte, kann dir nicht verzeihn: — sie ist ein Weib — ein gekränktes Weib. Rache für die Rettung ihrer Ehre — Rache für den gekränkten Stolz aller Weiber, Rache für den Schimpf der verachteten Liebe wafnet ihre Hand mit dreischneidigem Dolche, den sie dir, Bösewicht, triumphirend in den Busen stößt!

(Sie hat hastig einen Dolch hervorgezogen, und stößt ihn mit den lezten Worten in Damoslaws Herz.)

Damoslaw. O weh!

(Fällt in Rozhons Arme und stirbt.)

Libussa. Unglückliche! was thust du?

Wlasta. So kann sich Wlasta rächen! — Dies ist der erste Schritt zum blutigen Triumphe, den sie bald an der Spizze gekränkter Weiberschaar beginnen will! —— Auf! — Fort mit muthigem Schritt sie aufzusuchen, die Barbaren, die des leidenden Weibes Thränen nicht sehen, sein klägliches Jammern nicht erhören wollen! — Bluten soll ein ieder, der mir im Zorn aufstößt! — Das verachtete Weib soll mit blutiger Gier erwachen, meinem Rufe folgen — und würgen mit Wollust! — mit Wohlgeschmack das Blut ihres Wütrichs trinken! — Bald soll man eintönig rufen: Wlasta ist ein starkes fürchterliches Weib!!!

(Sie tobt mit gezücktem Dolche ab.)

Libussa. Wehe!
Terka. Entsezlich!
Kassa. Götter! (zugleich.)
Przemisl. Haltet sie auf!
Przedslaw. Sie raset!

Alle (eilen ihr nach sie aufzuhalten.) Wlasta! — Wlasta! —

(Der Vorhang fällt.)

Ende des Schauspiels.